大学体育教育创新实践研究

李红学 著

吉林摄影出版社
·长春·

图书在版编目(CIP)数据

大学体育教育创新实践研究/李红学著. --长春：
吉林摄影出版社，2023.4
ISBN 978-7-5498-5782-1

Ⅰ. ①大... Ⅱ. ①李... Ⅲ. ①体育教学-教学研究-高等学校 Ⅳ. ①G807.4

中国国家版本馆 CIP 数据核字(2023)第 083333 号

大学体育教育创新实践研究
DAXUE TIYU JIAOYU CHUANGXIN SHIJIAN YANJIU

著　　者：李红学
出 版 人：车　强
责任编辑：岳青霞
封面设计：刘　芸
开　　本：787mm×1092mm　1/16
字　　数：245 千字
印　　张：10
版　　次：2023 年 4 月第 1 版
印　　次：2023 年 4 月第 1 次印刷

出　　版：吉林摄影出版社
发　　行：吉林摄影出版社
地　　址：长春市净月高新技术产业开发区福祉大路 5788 号
邮编：130118
电　　话：总编办：0431－81629821
发行科：0431－81629829
印　　刷：北京银祥印刷有限公司

ISBN 978-7-5498-5782-1　　　　**定　　价**：48.00 元

【前　言】

在当今社会，伴随着科技的不断发展，在大学教育中体育教育的地位显得越来越重要，在人才培养方面大学体育教学也起到了越来越重要的作用，因此大学体育教育在社会中的地位越来越高。

众所周知，体育教学改革的主要目的是摒弃传统的教学模式和教学体制，实施“以生为本”“健康第一”的教学理念，在增添现代大学体育课堂趣味性的同时，有效地提高大学生参与体育运动的积极性，让大学生们在享受运动快乐的同时，达到增强体质的目的。目前，创新教育理念、形式与方法，是我们所倡导的，也是评价一所大学教学质量的一项指标。创新教育理念的大学体育改革不仅能够有效地促进大学体育教师更新教学观念，转变角色，提高体育教学质量和体育教学效率，也能为大学生营造一个积极向上、敢于创新，勇于突破的良好学习环境，帮助大学生树立正确的人生价值观和体育观。本书通过系统的讲解，有逻辑的编排，对大学体育教育理论和实践进行了全面的讲解和研究，为今后高校和大学生开展体育事业开辟了全新的路径。

本书属于大学体育教育创新实践方面的著作，本书以大学体育教育的创新发展作为研究对象，以促进当代大学生身心健康发展为目标，从大学体育教育概述入手，由浅入深地展开论述，阐述了大学体育教育教学的基本理论，以及大学体育教育教学创新，包括大学体育教学方法创新、教学内容创新、教学模式创新、教学设计创新、教学评价创新，还对体育教师素质培养进行了全方位的研究，另外，基于当前网络信息技术在大学体育教学中的广泛应用，本书也对大学体育网络教学也进行了相关研究。本书主要集中于对大学体育教育的理念与实践进行阐述，将创新性与实践性相互结合，希望可以为阅读本书的广大读者受众带来一定的收获。

在编写本书的过程中，笔者查阅和借鉴了大量的相关资料，在此向其作者表示诚挚的感谢。此外，本书在编写的过程中，也得到了相关专家和同行的支持与帮助，在此一并致谢。由于作者水平有限，加之时间仓促，书中难免出现纰漏，敬请广大读者批评指正。

【目　录】

第一章　大学体育教育概述

第一节　大学体育教育的组织与实施

一、大学体育的地位

(1)大学体育是我国培养身心健康发展的高级专门人才的需要。《中华人民共和国高等教育法》指出:“高等教育必须贯彻国家的教育方针,为社会主义现代化建设服务,与生产劳动相结合,使受教育者成为德、智、体等全面发展的社会主义事业的建设者和接班人。”学校的根本任务是培养身心全面发展的人才,以适应社会发展的需要。学校应面向现代化、面向世界、面向未来,认真贯彻德、智、体全面发展的方针,使大学生身心健康发展,成为社会主义现代化事业的建设者和接班人。

无论是培养高级专门人才,还是发展科学技术文化,都集中反映在对人才规格的要求上,必须是德、智、体、美、劳全面发展,而不是片面发展。只有这样,才能担负这个重大使命。因此,高校应在中小学教育的基础上,正确认识并处理德、智、体、美、劳的逻辑关系,确立体育在高校教育中的地位,纠正忽视体育的种种倾向,把大学体育与培养合格的高级专门人才的目标紧紧相连,采取有力措施,全面完成大学体育与健康的各项工作。

当代社会,科学技术突飞猛进,社会生产力高度发展。随着社会的进步,对人的素质(包括身体素质)以及人的全面发展的社会需要,已日益成为人类共同关注的问题。社会的不断发展,对人们的健康与体质提出了新的更高的要求,以适应在高速度、高强度、高度紧张的情况下工作。我国正在实现社会主义现代化建设的宏伟任务,为了适应我国经济腾飞和社会发展的需要,必须大规模地培养新的能够坚持社会主义方向的各级各类的合格人才。这一大批人才,都应是有理想、有道德、有文化、守纪律、身体健康的且能够为建设有中国特色的社会主义事业做贡献的合格人才。高等教育担负着艰巨而光荣的任务。作为高等教育重要组成部分的大学体育,必须与德育、智育紧密配合,在培养新世纪合格人才中作出积极的贡献。

(2)大学体育是国民体育的基础,搞好学校体育不仅是学校教育的需要,也是发展我国体育事业的需要。大学生的年龄特征、身心发展已日趋成熟,但从生长发展的全过程来讲,大学生身心仍处在不断发展与不断完善之中。因此,大学体育对大学生身心自我完善,乃至提高全民族身体素质都有深远的意义。

大学体育是培养我国体育后备人才,提高竞技水平的重要源泉。尤其是当代竞技体育的发展,要求贯彻科学训练与比赛的原则,运动员必须具有良好的体力和智力,才能不断提高运动技术水平。大学生在体能与智能上都有较大的适应性和优势，有条件且有可能为我国竞技体育的发展作出贡献。因此，《学校体育工作条例》规定："学校应当在体育课教学和课外活动的基础上，开展各种形式的课余体育训练，提高大学生的运动技术水平。普通大学经教育部批准，可以开展培养优秀体育后备人才的训练。"

大学生养成良好的体育习惯，掌握体育的知识与技能，提高运动能力，不仅是自身完善和推动高校群众性体育活动的需要，也是毕业后走向社会，坚持终身体育，成为社会体育教育的骨干，推动我国体育事业的发展。

(3)大学体育是丰富大学生课余文化生活，建设校园社会主义精神文明的需要。大学生在紧张的学习生活中，需要健康、文明、娱乐、和谐的课余文化生活，以适应身心健康发展的要求。体育活动能使大学校园充满活力与生机，并以其丰富多彩、形式多样的内容，吸引广大学生参与和观赏。它不仅可以丰富大学生的课余文化生活，还可以促进校园社会主义精神文明建设。

体育作为社会主义精神文明建设的重要手段，它既是文化建设的一项重要内容，也是思想建设的重要手段。通过大学生对体育活动的参与和观赏，可以发展大学生体能，促进智能发展；可以培养大学生勇敢、顽强、坚毅等思想品质，以及团结、战斗的集体主义精神和进取精神；可以培养大学生爱国主义思想，并树立正确的审美观。因此，开展大学校园的体育活动，是占领课余思想阵地，引导大学生健康、文明生活，防止和纠正不良行为的重要手段。对此，我们必须明确认识，并予以足够的重视。

综上所述，我们可以看到体育在高等教育中占据着至关重要的地位，它关系到大学生的体能、智能发展和整体素质水平的提高，关系到大学生在大学阶段的学习以及大学毕业后的工作和生活，关系到我国全民健身计划的实施和全民身体素质的提高，关系到我国社会主义物质文明和精神文明建设，是高校不容忽视的一项重要工作。

二、大学体育教育的任务

大学体育应紧密围绕增强大学生体质的中心任务，使大学生在德、智、体、美、劳几个方面都能得到发展。大学体育要改变传统的思想观念，树立"健康第一"的指导思想，针对当代大学生体质健康状况实施教学；要发挥大学生的主体作用，营造宽松、愉悦的气氛；要以实用为目的，开展一些易学、有趣的体育活动，激发大学生参加体育运动的自觉性和主动性。其最终目的是：增强大学生体质，提高大学生身心健康水平，培养大学生的体育健康意识、能力和终身锻炼的习惯，以及良好的思想品质，使其成为身、心、智健康发展的社会主义建设的接班人。为了达到这个目的，大学体育要承担并完成以下几个方面的任务。

(1)促进大学生身体的正常生长发育，使大学生在身体形态、生理功能、身体素质和基本活动能力等方面得到全面发展，提高大学生的体能和对环境的适应能力，增强大学生对疾病的抵抗能力。

(2)向大学生进行系统的体育卫生、卫生保健和自我养护的基础知识教育，使大学生掌握体育的基本理论知识，确立正确的体育健康观念，学会科学锻炼身体的基本技能和手段，培养他们体育运动的能力和科学锻炼的习惯。

(3)使大学生认识到体育的地位和意义，提高大学生的体育、卫生和文化素养，培养大学生的体育保健、独立锻炼和自我评价等能力，养成经常锻炼身体的习惯，为终身体育奠定良好的基础。

(4)将思想品德教育寓于体育中，对大学生进行品德教育，培养大学生热爱集体、遵纪守法、团结合作、勇敢顽强、拼搏进取、开拓创新、艰苦奋斗的思想品德和良好的体育作风。培养大学生对体育的兴趣和爱好，树立正确的体育道德观，促进大学生健康个性的发展。

(5)培养并挖掘大学生的体育才能，重点关注有运动才能的大学生，提高大学生的运动技术水平，为国家和社会培养体育后备人才。

三、大学体育的实施

(一)体育教育

体育教育是大学体育的核心工作。它是通过体育课及课外活动，以身体练习为基本手段，增强大学生的体质，传授锻炼身体的知识、技能和技术，使大学生养成锻炼习惯，获得终生体育锻炼技能，培养大学生道德和意志品质为目的的教育过程。

1. 体育课程教育

我国大学体育课程的依据是教育部颁发的《全国普通高等学校体育课程指导纲要》。在组织实施过程中，各大学根据本学校的具体情况，在体育课程设置、学分管理等方面存在一定差别，但其培养目标和体育课类型都是相同的。

(1)理论课

理论课是教师以讲授理论的形式向大学生传授体育知识的教学过程，其组织形式是在教室内进行的。

(2)实践课

实践课是在特定体育场所进行的，通过身体活动向大学生传授提高身体素质、发展基本活动能力、增进健康、增强体质的方法，帮助大学生掌握体育运动项目的基本技术和技能，提高基本活动能力和运动能力，形成个人体育专长，最终达到增强大学生体质、增进身心健康、养成自主锻炼的习惯、树立终身体育思想目的的教学过程。实践课有必修课和选修课两种。《全国普通高等学校体育课程指导纲要》要求普通高等学校的一、二年级必须开设体育课程(4个学期共计144学时)，对三年级以上大学生(包括研究生)开设体育选修课。在执行中学校可根据情况开设保健课、体育俱乐部课及特色体育课。

2. 课外锻炼

体育课外锻炼不仅是体育课的延伸和补充，而且也在培养大学生对体育的兴趣和爱好、帮助大学生养成体育锻炼意识和良好的生活习惯，在树立终身体育思想等方面发挥着良好的作用。课外锻炼主要有体育俱乐部、早操，院、系、年级、班的课外锻炼等形式。

3. 运动竞赛

运动竞赛是大学体育教育的重要组成部分。通过运动竞赛的组织与实施，可以调动大学生参加体育活动的积极性，丰富校园文化生活，促进大学生人际交往，增强大学生的集体荣誉感，培养大学生的组织能力。

（二）运动训练

组建校级代表队进行课余训练，是大学体育工作的组成部分，同时也是我国体育事业发展的需要。一般而言，大学体育在培养高水平运动员方面包括两个层面：一个层面是以从普通大学生中选拔在某一方面有运动特长的大学生为对象的运动训练，其主要功能是为在某一方面有运动特长的大学生提供进一步提高的平台，同时也对丰富校园文化生活，营造体育氛围，以提高运动成绩带动普及体育运动，通过校际交流提升学校知名度都起着积极的作用；另一个层面是招收专业运动员及具有专业培养潜质的高中生组建校高水平运动队，其主要功能是培养高水平竞技运动员，并代表我国参加世界性比赛，这一层面的运动训练是我国奥运计划的组成部分，在我国体育制度中，它与省市专业队、俱乐部队共同列为竞技体育的最高层次。随着我国竞技体育体制改革的深入，大学将逐步成为我国培养高水平竞技运动员的重要基地。

（三）体育科学研究

体育科学研究是大学体育的工作之一。高校具有不同学科的高水平科研队伍和实验室设备，为体育科学研究提供了跨学科研究的条件和基础。随着大学体育教师体育科研水平的不断提高，大学体育科学研究将成为我国体育科学研究的重要组成部分。

（四）社会服务

为了适应我国社会发展的需要，国务院颁发了《全民健身计划纲要》。它是一项在国家宏观领导下，依托社会，全民参与的、旨在提高国民素质的、跨世纪的群众体育发展战略。大学具备相对完善的体育设施和体育专门人才，因此，大学体育工作在肩负大学校园全民健身运动开展的同时，还对社会全民健身运动的普及承担着责任和义务，包括提供健身场地器材和技术指导。

第二节　大学体育教育的发展与改革

一、大学体育教育发展的整体情况

（一）大学体育教育深化改革的必要性

作为高等教育的一个重要组成部分，大学体育必然要为社会培养全面发展人才发挥重要作用。从我国大学体育教育的整体发展状况来看，体育还没有真正成为大学生的生活方式，如何使广大大学生喜欢上体育，愿意参与到体育健身中，掌握 1～2 项运动技能，形成终身体育的意识，使体育成为大学生的生活方式，这是大学体育教育的努力方向。因此，大学体育还要进一步深化改革，不断强化大学体育的功能，拓宽大学体育的渠道，尊重体育运动规律，改革大学体育的组织形式，充分发挥大学体育在打造人才强国和建设人力资源强国中的教育作用。

大学体育教育深化改革的核心是使大学生养成终身体育的习惯。终身体育是指一个人终身都要接受体育教育和体育锻炼健身的一个系统化过程，属于一个整体的概念。终身体育是人生一个系统连贯的体育锻炼过程。大学体育是学校体育的最后阶段，也是大学生发展的一个重大的转折点，是人从学校步入社会的节点，衔接着学校体育和社会体育。学校体育是有组织、有计划的体育活动形式，有着相关的制度作为保障。大学生离开学校后步入社会各个阶层，体育活动的开展完全失去了学校教育中的组织性、针对性和有计划性，完全依靠人的自主行为。自觉体育行为的养成，要求行为主体必须具备终身体育的意识，要有喜欢并擅长的体育项目，且在特长的运动项目上具备一定的技战术能力，形成一定的体育文化水平。只有这样，在运动场地和相关条件具备的情况下，才会形成主动参与体育锻炼的意愿。学校体育教育的作用就是要培养大学生终身体育的意识，使大学生掌握1～2项自己喜欢的运动技能，为进入社会养成自觉的体育行为打好基础。

大学体育要巩固大学生在体育技能和健身知识的基础上，帮助大学生在喜欢的运动项目的基础上进一步提高运动技能水平，储备进入社会的体育运动技能和健身理论知识。大量的实践证明，影响大学生终身体育形成的主要障碍是运动兴趣的缺乏和运动能力的不足。因此，大学体育必须通过深化改革，充分调动大学生的运动参与兴趣，形成终身体育的意识，提高运动能力并养成终身体育的锻炼习惯。

（二）大学体育教育改革的重点

教育是社会进步和民族复兴的基石，中共中央不止一次地提出要实现现代化教育，学校体育作为教育的重要内容，在培养全面发展人才中具有举足轻重的地位，是实现教育现代化的重要体现。因此，大学体育未来的发展与改革必须紧紧围绕培养全面发展人才的需要，开拓创新学校体育工作，充分发挥大学体育在培养全面发展的创新型人才方面的积极作用。

1.努力提高大学生体质健康水平

大学体育要充分发挥对大学生的健身功能，尊重体育锻炼规律，控制好体育课的运动强度和密度，努力在增强大学生体质上开拓创新，努力增强大学生体质健康水平。

2.致力于大学生运动技能掌握与提高

目前，我国学校体育教育中存在的最大问题就是，人从小学时的少年儿童到大学时的青年，历时15年左右，运动项目什么都学，但什么都没有学会，不少的大学生到大学毕业也对体育知之甚少，甚至完全是个体育盲。因此，大学体育改革必须对此进行深入的思考，努力改变现状。

科学研究和体育教学实践证明，大学生运动技能水平的高低与增强体质是成正比的。逐步提高大学生的运动能力水平，是增强大学生体质、发挥体育育人功能的基础。只有让大学生走进运动场，体育的健身和育人功能才能发挥作用。因此，使大学生掌握1～2项运动技能，将是大学体育深化改革的重要任务之一。

3.引导大学生在兴趣项目上学习

遵守教育性原则、乐趣性原则、健身性原则、文化性原则和可行性原则，在兴趣的指引下，优化大学体育教学内容，指导大学生选择适合自己的1～2项运动技能。大量的实践证明，只有具备可以拿得出手的运动技能，才能使人养成自觉进行体育锻炼的习惯，在人生中大显体育特长身手，提高生活品质，增进健康水平，减少疾患，终身受益。

提高大学生的运动兴趣，要通过选择合适的教学方法、优化现有教学内容和提高教师的专业能力等手段去实现。根据大学生现有的运动能力和喜欢的项目，采取分层教学、不同年龄教学的方式方法，充分尊重大学生的兴趣选择；根据现有的教学和师资条件，对教学内容进行优化，让大学生尽量选择能长期进行练习和锻炼的喜爱的运动项目进行学习，这是今后大学体育需要深入研究和探讨的课题。

4.提高体育教师的专业技能，塑造体育教师魅力

体育教师作为从事体育教育的专业人员，在体育教学过程中的作用至关重要。体育教师素质的高低，是影响体育教学质量的关键。大学生运动兴趣的缺乏、运动能力的不足，在一定程度上与体育教师专业技能水平直接相关。我们知道，体育教师专业运动技能的展示，不但可以在感官上给大学生带来愉悦的心情，同时也会给大学生树立榜样，成为大学生效仿的对象，直接对大学生体育兴趣的培养产生作用。从大学体育师资现状的分析来看，目前具有田径运动项目背景的教师比例比较高，而大学生对田径的学习兴趣很低；相反，诸如游泳、乒乓球、羽毛球、网球等项目则成了现在大学生们所喜爱的热门项目，而具有这些运动项目专业背景的教师比例很低。在实际教学中，大多数从事这些热门运动项目教学的教师是从田径等项目转过来的，在这种情况下，教师的专业技能水平普遍不高，必然造成教学效果的下降，影响大学生体育兴趣的持续性培养。

总之，要使体育教师的主导地位不断提升，体育教师自身的专业化程度就必须要不断满足日益提高的大学生运动技能水平的要求。让教师能在所教授的运动项目上充分展现运动魅力，使大学生满怀憧憬与渴望地进行学习，这是推动体育教学质量提高，帮助大学生掌握运动技能的关键环节。因此，不断提高教师的专业技能水平，也是今后大学体育深化改革的重要内容之一。

二、大学体育教育发展与改革的思考

(一)大学体育教育发展与改革的优势

大学体育的优势主要体现在以下几方面。

(1)大学没有中小学的升学压力，大学生活有着较大的自主空间，而且大学校长更容易从培养德、智、体、美、劳全面发展人才的角度认识体育的价值。因此，大学体育与中小学相比更容易得到学校的支持。追溯过往，我们发现大教育家多出现在大学，他们对体育往往情有独钟，例如蔡元培、张伯苓、胡适、恽代英、陶行知、丛可桢、吴蕴瑞、钱伟长等，在他们的教育思想中，无不蕴含着体育教育的理念。

(2)大学具有较强的体育师资力量。目前大学具有硕士、博士学位和副高级以上职称的体育教师的比例明显提高，大学体育师资力量较以往明显增强。

(3)大学广阔的校园面积和较为完善的体育场馆设施，为大学体育的开展提供了基础条件。

(4)大学普遍具备试办高水平运动队的条件。试办高水平运动队可以有效推动大学体育教学水平的提高,对大学生参与体育可产生积极的影响。

(5)大学体育具有良好的学术氛围。目前大学体育科研氛围日渐浓厚,科研立项的质与量明显提升,从事科学研究的教师比例逐渐增大,参与学术论文报告会投稿数量和录取比例不断增大,关注和参加专家学术讲座的积极性明显提高。

(6)大学具有较大的办学自主权,可形成以兴趣培养为导向的丰富的体育课程体系内容。游泳、网球、武术、击剑、健美操、足球、篮球、乒乓球、荷球、高尔夫球、板球等项目在大学的开展都较为普及,大学生自主组织竞赛活动,体育社团及教工俱乐部等活动,课内外一体化理念特色易于落实。

(二)大学体育教育发展与改革面临的挑战

目前,我国学校体育教育面临的挑战是如何尽早扭转青少年体质健康水平持续下降的现状。要解决这个问题需要全社会的努力和配合,当然学校体育是关键,而大学体育又是学校体育的重要环节,是反映我国青少年体质健康水平变化和学校体育工作成效的关键阶段。

由此,大学体育将面临比中小学更大的挑战,既要通过各种手段和办法扭转大学生体质水平下降的现状,还要对大学生进行体质健康管理教育,使大学生掌握身体健康管理的方法,掌握1～2项运动技能,为养成终身体育锻炼习惯打下基础。除此之外,大学体育还要准确评估大学生体质健康水平的变化,提出提高青少年体质健康水平的建议和办法,以引导学校体育改进工作,提高效率,取得更大的成效。

大学新生的体质健康水平反映出体育工作的成效,对大学新生的体质健康水平的评估应该成为指导体育工作的重要依据,应该成为大学体育的重要内容。要完成大学生体质健康水平的准确监测和评估,首先就要改变目前学校体育达标测试目的性过强的状况,而要做好这项工作将面临极大的挑战。

大学生体育习惯的养成,包括以下方面的内容。

第一,要懂得进行体育锻炼的道理;

第二,要培养出体育锻炼的兴趣;

第三,要掌握体育锻炼的方法。

当然,要解决每一个问题都不是一件轻而易举的工作。但大学体育教育必须正视问题的存在,有责任面对青少年体质健康水平下降所堆积的各类问题,全力做好工作,从学校体育全局的角度,发挥大学体育在人、财、物等方面的优势,为搞好我国学校体育工作发挥引领作用。

(三)大学体育教育改革与发展的建议

1.确立大学体育发展的指导思想

大学体育应确立以提高大学生体质健康水平、掌握1～2项运动技能、养成终身体育习惯为主攻方向的体育学科发展指导思想;通过加强体育师资队伍建设,提高体育教师的科学研究能力,搞好体育教学和开展好校园群体活动,提高高水平运动队的科学化训练水平,推动大学体育学科水平,发挥体育学科在培养大学生全面发展中的重要作用。

2.明确大学体育发展的愿景与目标

大学体育学科发展应全面贯彻党的教育方针，树立“以人为本、健康第一、全面发展、终身受益”的体育教育理念。通过体育教学和体育活动，促进大学生体质健康水平的提高，使大学生学会和掌握体育锻炼的方法和技能；培养大学生团队精神、拼搏精神、百折不挠精神，使大学生成为身心健康的合格人才，从而实现“健康工作五十年，健康生活一辈子”的理想愿景。

根据发展愿景，大学体育的发展应发挥大学综合学科的优势，以面向全体大学生为宗旨，建立有特色的体育课程，开展大范围的群众体育活动，发挥高水平运动队对全体大学生参与体育活动的引领作用，加强体育学科建设和科学研究。有条件的大学可以在培养高级体育专业人才方面发挥作用，努力提升大学生体质健康水平，实现对大学生体质健康的科学监测，形成各大学在体育学科建设中的特色，成为面向全体大学生并服务于社会的体育特色学科。

3.创新大学体育教学改革思路

长期以来，学校体育教学虽然经过不懈努力取得了一些成果，但效果不明显，让大学生掌握1～2项运动技能的承诺并没有实现，大学生的体育兴趣依然没有被有效唤起。之所以会如此，有些研究者认为问题的关键还在于学校体育教学改革的思路没有突破，教学改革的手段与方法、教学的模式、课程的组织形式和内容、教师的授课方式等缺乏开拓与创新。

为此，必须确立以持续培养大学生体育兴趣为导向的学校体育教学改革思路。大学体育教学改革也需要从充分满足大学生的兴趣入手，这是培养大学生终身体育观念，养成锻炼习惯的需要。

第一，持续培养大学生的体育兴趣。大学生的兴趣项目一经确定，就要为大学生提供学习的条件和营造学习的环境，经过大学课内外始终如一的专注练习，使大学生掌握1～2项兴趣项目的运动技能，这是以持续培养大学生体育兴趣为导向的大学体育教学改革的有效途径。这与以往提供大学生选择和学习多个项目的大学体育课完全不同，它的最大优点是能集中大学生的精力，使之在较短时间内掌握1～2项运动技能，形成一技之长，提高大学生的满足感和成就感，并由此形成对该运动项目持续浓厚的兴趣。一旦有了体育兴趣，就很容易养成自觉的体育锻炼习惯，进而有效促进体质健康水平的提高。

第二，新兴时尚体育项目层出不穷。当代大学生的体育兴趣是多样、动态、变化的，要全面适应大学生的体育兴趣点，就必须有意识、有计划、有目的地建立可进可出的体育特色课程群，丰富课程内容，但对于增设的休闲体育课程，应加大教师教学培训力度，拓展教师的专项教学技能。

第三，努力建设学校体育教学与管理的信息化服务平台，在有条件的场馆场地要引入现代教育技术手段和教学训练即时视频反馈系统，以突破传统体育教学模式。使用生动、形象、直观的视频教学辅助手段，为大学生的课内学习、课外活动和社团体育活动提供便利的条件，激发大学生的学习热情，培养体育的兴趣。

第四，为大学生开设健康教育和健康管理方法通识讲座，并通过体质健康水平评价实验课，让大学生提高思想认识，掌握方法，促进体质健康水平的提高。

4. 重新审视大学体育师资队伍建设

目前，大学体育师资队伍的结构逐渐发生变化，由单一技能型开始向复合型的方向转变，部分大学体育已开始与学校优势学科相结合，通过学科交叉，在体育人文、体育管理、体育材料、运动生物力学、体育工程等方向上形成了体育学科特色，相应录用和引进了具有相关学科知识结构的师资人才。随着大学生体质健康监测与运动干预的逐渐加强，具有生理、生化、医学等知识结构的专门人才开始进入大学体育师资队伍，复合型师资队伍的特征愈发明显。

当前，大学体育已不再是“把体育课上好”的简单概念，围绕大学生体质健康促进及大学生体育兴趣的培养，需要在教学改革、课外体育社团、科学研究与探索、特色体育人才培养、校园体育文化建设等多个方面开展工作，提升体育学科地位。

由此来看，面对大学体育工作的新变化，必须重新审视师资队伍的建设问题。

5. 加强大学体育社团建设与发展

大学生体育社团或体育俱乐部已成为推动大学体育工作的重要抓手，是落实课内外一体化理念的重要手段。我们知道，体育课堂教学时间有限，教学内容的局限性较大，运动技能的掌握仅靠课堂教学的有限时间是远远不够的。体育社团或体育俱乐部是大学生自愿参加的体育兴趣组织，进入体育社团的大学生通常都是对该体育项目比较有兴趣的同学，比较容易形成自觉锻炼的行为。通常，体育社团或体育俱乐部的活动都是在课外，活动时间安排、活动时间的长短比较灵活，不需要教师强制性的管理和过多的投入，只需要有效引导。通过体育社团或体育俱乐部活动，大学生可以有效强化课堂上学习的内容，从而熟练掌握运动技能，养成终身体育锻炼的习惯。

因此，高校要采取多种手段，有效促进体育课堂教学与体育社团联动发展，体育社团应在体育辅导教师的引导下，自主组织活动。同时，为扩大体育社团的影响力，要发展出一定的规模，通过编发体育社团活动简讯，评比体育活动先进社团，参与组织或承办校、院两级竞赛活动，做到大学生运动队的选拔与组建工作，以提高社团的知名度。

总之，大学生体育社团或体育俱乐部是培养大学生体育兴趣的有效载体，通过这一载体可有效地落实课内外一体化的教学理念。为此，学校要有计划地加大体育社团或俱乐部的人力、财力、物力投入，提供活动必需的场地，制定各项管理制度及配套措施。

6. 转变大学生体质健康监测与运动干预方式

专家指出，青少年时期的体质状况往往对成年后疾病的诱发造成直接影响，青少年肥胖极易引发成年后的心血管病，近视将导致发生眼疾的概率增加，睡眠不足又会影响智力发展、免疫力和耐力下降等。在大学生体质的各项指标中，下降幅度有所不同，在解剖形态类指标里，围径下降的幅度高于长度，而生理机能又高于解剖结构；运动能力下降的幅度又高于生理机能，下降最严重的是反映心血管功能的耐力和反映运动系统能力的肌肉力量，而这两项恰恰是影响大学生健康最重要的身体素质。由此可以归纳出大学生体质下降的总体规律，受遗传影响较大的指标下降较少，而受体育运动影响的指标下降最为严重。这些现象又都会集中反映在大学生人群中，因此，大学生的体质水平可以作为青少年整体水平的重要体现，对大学生体质健康水平的有效监测和体育干预具有重大意义。

从目前情况看，围绕大学生体质健康与运动干预的研究已相当普遍，对大学生体质下降现状都已有了深刻认识，问题是如何通过实际的工作来改善大学生的体质不良状况。当然，面对大学生体质健康不佳的问题，多数学校已通过体育教学改革、加强课外群体活动、促进体育社团发展和发挥高水平运动队引领作用等多方面措施加以改善，但我们认为科学性、针对性还不够强，特别是对采取措施后实际效果的跟踪调查缺乏科学性，拿不出真实、有说服力的量化数据予以反馈，由此，使得再干预的方向和干预重点显得比较盲目。

鉴于上述情况，应从以下三个方面来发展体质健康的监测工作。

第一，对于大学生体质健康的监测与运动干预必须由研究转入实际操作，即每一所大学都应行动起来，通过采取多种体育手段和措施干预大学生体质健康状况的恶化趋势。

第二，建立大学生体质监测与运动干预实验室，以实验室为工作平台，建立为大学生提供日常体质健康水平评价和运动干预的服务项目，作为日常工作内容为有需要的大学生提供服务，并以此积累监测数据，建立起大学生体质健康水平测试数据库。

第三，建立大学生体质健康监测会员制，定期监测大学生会员的体质健康变化和评价运动干预的效果，以提高运动干预水平，跟踪大学生在校期间的体质健康水平的变化，为大学体育教学改革提供依据。

对于大学体育教育来说，应开展大学生体质监测与运动干预，准确监测大学生体质健康水平的变化规律，并通过合理、有效的运动干预促进大学生体质健康水平提升。大学生体质健康监测与运动干预应作为大学体育教育一项日常性工作，这一项工作要在学校的大力支持下，从可持续角度出发，建设好基础性硬件环境，培养和形成一支专业队伍，经过长期的实际工作，对大学生的健康理念形成影响，对促进大学生的体质健康发挥作用。

7.促进大学校园体育文化大繁荣

大学校园体育文化是校园文化建设的重要组成部分，对营造“德、智、体、美、劳”全面发展人才培养的氛围、丰富文化体育生活、养成文明的生活方式，树立自强不息和团结协作的价值取向具有重要影响。体育是培养全面发展人才的重要组成部分，不仅在促进大学生体质健康上发挥作用，而且也将全面影响大学生的素质教育。大学校园体育文化的建设不是一朝一夕的事情，它是一项系统工程。

第一，充分发挥高水平运动队的影响力。目前，大学的高水平运动队建设过于单一，往往只重视成绩的取得，在校园网上及时发布消息或发布海报，而在后续深入宣传方面并没有太多的手段。通过校园体育明星巡回展、年度最有影响力体育社团评选、开辟校园体育角等手段，使高水平运动队的影响力扩散到全校的每一名大学生中，使每一位大学生在追求卓越、自强不息敢于攀登、直面困难、团结协作等层面充分感受体育运动所具有的魅力。

第二，承接高水平的体育竞赛及体育展示活动。近年来，随着大学校园体育场地设施的不断完善，许多学校已具备了承办高水平体育竞赛活动的硬件条件，部分大学已开始尝试有选择地引进高水平的赛事。

第三，打造校园体育标志性建筑品牌，扩大校园体育宣传的覆盖面。良好的体育场馆条件和标志性体育建筑是校园体育文化建设和宣传的最好载体，围绕标志性体育建筑，丰富多样的体育竞赛活动的举办是对校园体育的最好宣传。特别要注重有组织、有计划地开展各类以图片、视频、文字、标语、雕塑、实物展等为主要内容的宣传，形成全年度、全方位、多形式的校园体育宣传系列，覆盖全校园，覆盖全年度，是扩大校园体育文化影响力的策略。为此，建议大学体育工作应与校宣传部门联合组建校园体育文化推广团队，制订推广规划，确立校园体育文化推广特色，建立可持续推广校园体育文化的长效机制。

第四，形成校园特色体育项目。校园特色体育项目的高度普及和制度化管理，最容易形成校园体育特色。如清华大学的夜跑，上海大学的游泳、网球，北京大学的登山，中国地质大学的攀岩，东华大学的足球等，上海第二工业大学的毽球，通过打造特色体育项目的品牌，形成在同行中的影响力，吸引更多的大学生参与，形成项目更大的普及和影响力。当然，在进行项目推广的过程中，如果能结合运动项目自身蕴含的文化加大宣讲力度，则会起到更好的效果，如高尔夫、网球的诚信与修养，跆拳道的规范与礼仪，马拉松的坚持不懈等。

总之，扭转我国青少年体质健康水平持续下降的趋势是大学体育教育面临的一项重大挑战。大学体育有责任从学校体育的全局出发，充分发挥普通高等院校体育在人力、财力、物力等方面的优势，创新体育教学改革，创建以体育兴趣培养为导向的课程体育与教学模式，大力促进体育社团大发展，科学评价大学生体质健康水平和实施有效的运动干预，树立"健康第一"的指导思想，明确大学体育发展愿景和工作目标，建设复合型师资队伍，尝试体育教师分层管理，努力打造大学体育特色团队，为我国学校体育工作发挥引领作用。

第三节　大学体育教育与大学生身心健康

一、大学生身心发展特点分析

(一)大学生生理发展特征

一般大学生年龄在18～25岁之间，处在青春发育期后期，是人在生理上走向成熟期的关键阶段。此阶段人的体格、体态、体姿、体力、机能、心理、性格和行为基本定型。

1.身体形态特征

(1)身体形态发育减慢

由于处在青春发育期的后期，所以绝大多数的大学生的身体生长发育速度明显减慢，身高、体重和各器官的生长发育已相对稳定，身体各部分的比例、体格、体形和身体姿势等近似成人。一般说来，我国女子到17岁，男子到19岁，身高增长的速度日趋缓慢，直至完成骨化而终止；体重一般是女子到18岁，男子到20岁趋于稳定。在青春发育期的最后阶段，大学生应全面加强身体锻炼，从而使体格更健壮，体形更匀称。

(2)身体形态发育性别差异明显

大学生的身体发育基本成熟，男女在体形发育上出现了明显差异，即男子上体宽粗、骨盆窄、下肢细；女子上体窄细、骨盆宽、下肢较短粗。

2.生理机能特征

(1)新陈代谢特征

新陈代谢指生物体与外界环境之间的物质和能量交换以及生物体内物质和能量的转变过程，它包括物质代谢和能量代谢两个方面。大学生的生长发育还未完全成熟，物质代谢和能量代谢均处于较高水平，加之体育锻炼可促进人体的新陈代谢过程和提高机能活动水平，所以是增强体质的一个极好时期。

(2)神经系统特征

人的神经系统发育得最早最快，其功能在少年时期已基本完善。但这时期大脑皮质中兴奋和抑制两个过程不够均衡，兴奋过程占优势，抑制过程相对较弱。大学生到大学阶段，大脑发育逐渐成熟，神经过程的灵活性提高，神经系统的机能能力达到成人水平。第二信号系统(指抽象的刺激信号，如语言、文字)发展迅速，它与第一信号系统(指具体的刺激信号，如声、光、电等)更加完善，分析与综合能力显著提高。大学生进行球类运动，有助于大脑发育成熟，提高神经系统的灵活性。

(3)心血管系统特征

心血管系统由心脏和血管组成，担负着人体新陈代谢的运输任务，是人体发育最晚完成的系统。心血管系统是人体健康的重要标志之一。大学生的心脏收缩力增强，每搏输出量增大，心率缓慢，收缩压增高，使血液供应适应机体负荷增大的需要，能承受较大的运动负荷。大学生的心脏在形态结构和功能作用上，均已达到成人水平。心脏质量约为300～400克，心脏容积达到240～250毫升，心跳频率每分钟65～75次。刚入学的大学生可能会出现青春期高血压。青春期高血压的出现主要是由于在青春期早期心脏的发育速度快于血管的发育，加上内分泌变化的影响，使心脏在收缩时收缩压偏高，但舒张压保持在正常范围，而且时有起伏。如果坚持参加体育锻炼，且运动后无不良反应，可以依然正常从事体育锻炼和体力劳动，但要注意运动量并做医务监督。随着青春期的结束，这种现象会自然消失。

(4)运动系统特征

运动系统由骨骼、关节、肌肉三部分组成。人体的骨骼发育一般在25岁左右完成。随着年龄的增长，骨骼内质地较柔软的有机物和水分逐渐减少，较坚硬的无机物逐渐增加，骨密质增多，骨骼变粗变硬，能承受较大压力。到大学高年级时，骨化基本完成，身高不再增加。大学生的关节由于软骨较厚，关节囊韧带伸展性大，关节周围的肌肉细长，所以关节活动范围大，但是牢固性较差，在外力的作用下易脱位。因此要提高柔韧性，重视发展关节的坚固性，以防关节脱位。人体肌肉发育在30岁左右完成。随着年龄的增长，肌肉中水分明显减少，有机物增多，肌纤维增粗，横向发展较快，肌肉重量不断增加，肌力增强。因此大学生应该进行较多的力量练习，以促进肌肉继续生长。

(5)呼吸系统特征

大学生肺脏的横径和纵径都继续增加，肺泡体积也随之增加，男生尤为显著。由于呼吸肌增强，频率减慢，深度加大，肺活量增大，呼吸系统发育日臻完善。我国大学男生的肺活量一般为 3 800～4 400 毫升，大学女生一般为 2 700～3 100 毫升。在这个时期，应适当发展耐力，以增强肺功能。

3. 身体素质特征

身体素质通常指人体的基本活动能力，是人体各器官系统的机能在肌肉工作中的反映。人们把人体机能在肌肉工作中反映出来的力量、速度、耐久力、灵敏性、柔韧性、协调性和平衡性等能力统称为身体素质。

(1)年龄特征

全国大学生体质调研结果表明，速度、腰腹力量、静力性力量、耐力、弹跳和耐久力等指标，男子 19 岁前，女子十二三岁前随年龄的增长而增长。男生各项素质的高峰分别出现在 19～22 岁；女生则出现两个高峰，第一高峰为 11～14 岁，第二高峰为 19～22 岁，第二高峰各项指标均高于第一高峰。男生各项指标的增长高峰，除速度(50 米跑)在 7～8 岁出现外，其他素质均在 12～16 岁期间出现；女生大部分素质高峰期都出现在 7～9 岁，而柔韧和耐力到 18～19 岁又出现高峰。因此大学阶段，大学生身体素质还有一定上升的空间，仍应加强全面锻炼，以促进身体全面发展。

(2)性别差异特征

从身体素质各项指标值上看，力量、灵敏度、耐力、速度等素质，一般男生都超过女生，而柔韧性、平衡能力，一般女生都超过男生，表现出明显的性别差异。

(3)地域差异特征

一般经济发达、物质条件好的地区，大学生的速度、灵敏度、爆发力较好；经济不发达、物质条件差的地区，大学生的力量、耐力较好。

(二)大学生心理发展特征

1. 自我意识显著提高

自我意识是对个人身心活动的觉察，以及由此形成的对自我的情感。自我意识主要包括自我观察、自我评价、自我体验、自我监督、自我控制和自我教育等多种形式。自我意识的形成与发展是个体社会化的过程，是从周围人们对自己的期待和自我评价过程中由主观体验而发展起来的，既包括自我评价，又包括他人对自己的评价。大学生的自我意识有以下特点：

(1)自我认识和评价水平显著提高。其表现在自我认识的自觉性和主动性较强，能根据周围的人对自己的各种态度来评价认识自己，也能将自己与别人进行对比来评价自己，自我评价的客观性有所提高。

(2)自我控制的愿望非常强烈，水平明显提高。大学时期的大学生，有了明显的自觉性和主动性，并逐渐以社会标准、社会期望、社会条件为转移。

(3)自尊心十分突出。大学生突出的自尊心主要表现为对真诚赞扬的尊重，批评常使自己感到内疚和羞愧，嘲笑更是让他们难以忍受。

(4)独立意向十分强烈。大学生多会要求自主和独立，要求摆脱对成人的依赖。当这种意向因某些原因受阻时，他们会产生不满、对立情绪或反抗行为。

(5)自信心、好胜心增强。大学生往往在接受新任务时表现出跃跃欲试,不甘人后。

2.认知能力达到高峰

认知活动是人最基本的心理活动,主要包括观察、记忆、思维等。人们进行各种认知活动时所表现出的能力,统称为认知能力,即智力。大学生的认知能力已差不多发展到最佳水平。智力测验表明,个体的智测分数随年龄的增长而上升,发展到20岁以后才停止。由韦克斯勒的智力量表分数可以看出,智力发展的顶点约在20～25岁之间。大学生的智力发展具体表现在以下几方面:

(1)观察力显著提高。

(2)记忆力处于最佳时期。

(3)抽象思维、逻辑思维逐渐占主导。

3.情感日益丰富

情绪是人对客观事物的一种态度体验,是个体与环境意义事件之间关系的一种反映。环境事件是否能引起人们的态度体验,要看环境事件与某一个体育项目是否存在意义关系。大学生的情感日益丰富,但容易情绪化,对事物表现出强烈爱憎。长时期的不良情绪可以引起精神障碍和身心疾病。大学球类运动的开展,应该与体育教育结合,使大学生在运动中学会交往,学会调节情绪,学会自我控制,并通过运动使情绪获得适当表现和发泄机会。

4.意志品质增强但不稳定

意志品质指一个人的果断性、坚韧性、自制力以及勇敢顽强的精神。大学生在意志品质方面,明显增强,能主动、自觉地克服困难,在行动中清晰地意识到自己行动的目的性和社会意义。大学生的坚持性和自制力已得到一定的发展,但还有很大的个体差异。此外,大学生意志品质的发展仍然有不稳定的表现。体育运动对培养大学生的意志品质具有独特的作用,大学生在运动中学会坚持,学会坚韧,学会克服困难。这些对完善大学生的人格,培养耐挫折能力具有重要作用。

5.性格基本形成

性格是一个人对现实的稳定态度和习惯性的行为方式。大学时期,大学生个性倾向日趋形成,自我意识不断发展,大学生的性格已基本形成并较稳定,人生观、世界观基本确立,在意志、理智、情绪等特征方面也逐渐朝着稳定方向发展。但大学生的性格发展尚还不够成熟,还必须进行性格的自我调整和自我培养,为成才创造良好的主观条件。

二、大学体育教育与大学生身体健康

(一)大学体育教育对身体发育的影响

我们可以将人体生命的全部过程大致分为三个时期,即儿童少年时期、青少年时期和中老年时期。不同的时期生长发育的速度不同,而且每个人在其自身生长发育的不同时期,发育的速度也是不相同的。也就是说,虽然总的发育规律不可改变,但变化的速度却可以控制。

大学生都处于青少年时期，这时期是人体生长发育的最佳时期，也是人的体形、体力和健康奠定的关键时期。此时，后天因素对机体的影响比任何时期都大。实践证明，经常参加体育锻炼对身高、体重、围度、身体机能和素质等指标的可塑程度能达到50%～70%。

（二）大学体育教育对身体各个器官的影响

人体是一个完整的、统一的有机体，它由不同的器官构成，按功能可分为神经系统、呼吸系统、循环系统、消化系统、泌尿系统、生殖系统、内分泌系统、运动系统和感觉系统。大学体育教育教给大学生体育锻炼的技能，而体育锻炼对人体各个器官产生的影响，可以促进机体全面发展。

1. 体育锻炼对神经系统的影响

神经系统由中枢神经系统和周围神经系统组成。人的所有活动都是反射活动，即由感觉器官将体内或体外的刺激传送到大脑，经过分析综合，大脑给出相应的反应指令，再由周围神经将行动反应指令传达给各器官系统去执行。当人体发育进入成熟阶段，成人脑体积就不再增加，但大脑皮层的结构和功能仍在发展，因此体育锻炼仍会对大脑功能有所改善。

(1)体育锻炼可以提高人体对刺激的反应速度。体育锻炼的项目种类繁多，技术复杂，越是对抗性和技术性强的运动，越能有效地强化脑细胞的生理功能，使神经细胞的兴奋强度、反应速度、兴奋抑制转换的灵活性及均衡性都得到提高。

(2)体育锻炼有助于增强记忆力，提高大脑工作效率。原因有两方面：第一，运动使心脏供血能力提高，脑细胞的供血量增加，从而使得脑细胞的活跃性增强；第二，经过长时间的思考学习，专管学习及与其相关的神经细胞会产生疲劳，进而由兴奋转为抑制。在此时进行体育锻炼，专管运动的神经细胞群开始兴奋，而其他细胞群可以得到良好的休息，使头脑更清醒，思维更敏捷。

(3)体育锻炼可以帮助改善神经衰弱。经常从事体育锻炼，可以使大脑皮质兴奋增强，抑制加深，且兴奋和抑制都更加集中，进而使大脑的兴奋与抑制两种功能保持平衡。

2. 体育锻炼对呼吸系统的影响

呼吸系统包括鼻、咽、喉、气管、支气管和肺。其中，肺是气体交换的场所，其他器官是气体交换的通道。在安静状态下，呼吸系统的各个器官只需很小的工作强度就能完成呼吸过程，长此以往，很可能会导致相关器官的萎缩，使呼吸系统功能降低。体育锻炼时，人体对氧的需求量增加，呼吸频率加快，使呼吸系统的各个器官逐渐改善自身机能。坚持锻炼，可以使呼吸肌逐渐发达、有力、耐久；可以提高呼吸深度，增大肺活量。

3. 体育锻炼对血液循环系统的影响

血液循环系统又称心血管系统，是由心脏和血管组成的闭锁的管道系统。心脏相当于生命的“发动机”，推动血液在血管里不断地流动，以便把氧气和营养物质运送到身体各处，同时把细胞代谢过程中产生的废物和二氧化碳运出体外。

(1)体育锻炼可以使心脏组织结构增强，心脏工作寿命延长。体育锻炼时，血液循环加速，进而改善了心肌的供血机能。心肌得到更多的营养物质，心壁增厚，心脏容量增加，使外形更加圆满，搏动更加有力。长期运动的人正常状态下的心跳频率要比一般人每分钟减少20次左右，由于总体上减少了心脏的搏动次数，因此延长了心脏的工作寿命。

(2)体育锻炼可以使血管功能变强，血红蛋白增多，血液微循环强化。体育锻炼使血液循环加快，血流量变大，血管经常收缩或扩张，使得血管壁弹性增强、血管表面积增大，使得血管对血液的运输功能增强。经常锻炼使血液中的白血球、红血球和血红蛋白含量增多，结合氧的含量增大，代谢和耐缺氧的能力提高，从而改善了血液循环系统的功能。

4.体育锻炼对消化系统的影响

消化系统是由口腔、咽、食道、胃肠、胰腺、肝脏和肛门器官组成。胃肠是人体消化食物的主要器官。

(1)体育锻炼可以促进食物的消化和营养物质的吸收。经常参加体育锻炼使消化腺分泌的消化液增多，腹部运动促使消化管道的蠕动加强，胃肠的血液循环得到改善，使食物的消化和营养物质的吸收更加充分和顺利。

(2)体育锻炼可以增进肝脏健康。体育锻炼使体内糖分的消耗增加，因此肝脏需将储备的糖原及时向外输送，肝脏工作量的增加使其机能受到锻炼和提高。

5.体育锻炼对运动系统的影响

运动系统是人们从事生产、生活活动的器官，由骨骼、关节和肌肉三部分组成。骨骼是人体的支架，是构成人体的基础，起着保护脑、脊髓、心和肺等重要器官的作用。关节是连接骨与骨之间的枢纽，以其为支点，使骨改变位置，产生运动。肌肉附在骨骼之上，并在神经系统的支配下交替收缩与舒张，进而完成屈伸、旋转等肢体动作。体育运动是在运动系统的协调工作下完成的，并在完成运动的同时使运动系统的各个部分更加坚固、灵活、结实且粗壮有力。

(1)体育锻炼可以使骨骼性能、形态发生良好变化。长期的体育锻炼使骨骼变得粗壮、坚固，增强其抗折、抗弯、抗压缩和抗扭转等方面的机械性能。

(2)体育锻炼可以增强关节的稳同性，提高关节的灵活性。经常从事体育锻炼，使关节囊、肌腱和韧带增厚；关节的稳固性、延展性增强；关节的弹性、灵活性和柔韧性提高。

(3)体育锻炼可以提高肌肉性能，增大肌肉体积。运动过程中，肌肉工作加强，蛋白质等营养物质的吸收、存储能力加强，使肌纤维增粗，肌肉体积增大，从而使肌肉结实有力。

三、大学体育教育与大学生心理健康

大学体育教育中，教师通过科学体育知识与文化的内容的讲授，通过各项体育教学与训练活动的组织，促进大学生积极参与体育学习与体育锻炼，在体育运动过程中促进心理过程的健全和心理品质的完善。具体来说，体育教育中的体育运动对大学生心理健康的促进作用主要表现在以下几个方面。

(一)提高大学生的认知能力

1.发展思维

运动要求运动者对外界事物做出迅速准确地感知并加以判断，还要求在复杂多变的条件下做出相应的回应，因此需要运动主体综合运用身体各种感觉器官来感知动作形象、动作要领、肌肉用力程度、动作时空关系等，建立正确完整的动作表象。

运动提高个体认知能力的作用表现在两个方面。

首先，体育运动中的各种基础运动训练，如走、跑、跳、投等各种练习有助于发展人的运动认知和运动思维。

其次，长期坚持运动能调节大脑皮层的神经，协调中枢神经，促使大脑皮层神经过程的均衡性和灵活性加强，提高大脑皮层判断分析环境的能力，加快大脑反应，促进大学生的大脑思维的发展。

2.提高情商

情商是一种非智力因素，其主要表现为协作配合能力、处理人际关系的能力、组织管理能力、解决问题的能力以及承受挫折的能力等。情商作为一种非智力因素，对个体的学业以及日后事业的成功都很重要。

参加体育运动锻炼，能够使大学生有充沛的体力和精力、良好的心理承受能力、公平的竞争意识、广泛的社会交往能力等得到有效的培养与提高，并且以较高的情商去应对学习和生活中的困难。

（二）创造良好的情绪体验

情绪是个体心理活动的核心，它影响着人的学习、工作和生活。当今社会生活节奏快、工作压力大、各种竞争加剧，要求人的心理承受负荷的能力要不断加大。面对强大的心理压力，要保持良好情绪，学会驾驭情绪是现代社会中成熟情感的表现方式。事实表明，人们通过体育活动，可以改善情绪状态，提高调节情绪的能力。

1.体验运动快感

体育运动具有对抗性和趣味性，使得愿意参与这项运动的人的年龄跨度和阶层均较为广泛。对于大学生群体来说，他们乐于体验运动中的对抗性感觉，这是增强身体素质和提升自我竞争意识的良好渠道。

在体育场上，通过畅快淋漓的运动训练，可令人暂时抛弃烦恼，沉浸在运动之中，充分感到兴奋和愉快。此类兴奋感和愉快感的存在就是得益于身体的剧烈运动，特别是经历激烈的身体接触与碰撞的刺激，尽情地释放出人类攻击性的本能。在这个过程中所激发出的极度兴奋性，使运动者会忘记疲劳，忘记伤痛，完全陶醉在兴奋和快乐之中。

2.体验成功和成就感

对抗性体育运动过程中，运动者或进攻或防守，最终获得比赛的胜利，在这一过程中他们与对手要进行全方位的对抗，这种对抗包括身体、技战术、意识以及意志力。在付出了大量体力和汗水后获得了比赛的胜利会让人体会到一种浓烈的成功感和成就感。

通过努力最终获得胜利的成功体验会让人如痴如醉，它不仅可以丰富人们的生活内容，提高生活质量，而且能够影响大学生在日常生活、学习中积极向上、争取成功。

3.提高情感自控能力

运动的过程中，运动者要不断挑战自我，和同伴竞争或合作，从而体验情感。使个体在运动过程中充分体验到成功与失败、进取与挫折、欢乐与痛苦、忧伤与憧憬，从而使个体学会在积极情感和消极情感地快速进行自我情绪地转化，提高对情感的自控能力。

4.疏导不良情绪状态

运动实践表明，通过参加体育运动，能够在增进快乐、调节情绪、振奋精神等方面有所体现，另外，这种积极的情绪状态还能够使人的自尊、自信、自豪、自强得到有效的保证，同时，有效缓解甚至消除焦虑、烦恼、抑郁、自卑等不良情绪。

现代人面临来自各方面的压力，大学生群体也不例外，例如，当代大学生面临的压力主要来自学业、情感、家庭关系、大学生活适应、就业、考研等。短暂参与运动训练，有助于大学生压力的释放和情绪的抒发，长期参加体育运动，能有效治疗并改善那些神经衰弱等症状。

（三）塑造健全的人格精神

现代健康包括多方面的内容，完全的健康还包括拥有健全人格这个标准。由此可见，健全的人格对人在一生中发展的重要性。体育运动参与有助于人们逐渐建立起健全的人格精神，具体分析如下。

1.完善个性心理

个性心理，是指个体身上表现出的带有稳定性和经常性的心理特点。

对于个人性的体育运动参与来说，它是人与人的对抗。只有个人能力强，气质和性格健全，个性鲜明和人格独立的人，才敢于冒险和创新，才有可能在复杂困难的条件下坚持与强有力的对手进行顽强的对抗，并取得比赛的最终胜利。

对于集体性的体育运动参与来说，团队与团队之间的对抗需要每一个人的努力与认准自己的角色定位，团队中的每一个人的发挥都能决定团队的战斗力，相反也可以说团队的行为需要依靠每一个人来配合，必要时还要牺牲个人的利益，如得分或上场时间。

体育运动中，不同的角色扮演和个体需要不断拼搏与努力，以战胜各种主观和客观的困难，有助于大学生良好个性心理特征的形成。

2.提高抗挫能力

体育运动有助于提高人的抗挫折能力，主要在于体育运动的自身规律。通过统计来看，在两支智力相当的队伍比赛中，往往进攻的成功率只有30%～50%，超常发挥的球队可能达到进攻成功率在50%以上。相对的，防守的成功率则较高一些。不过，不管是进攻还是防守，都会经常面临失败的情况，这就形成了一种体育运动参与者在训练和比赛的过程中不断重复“进攻—失败—再进攻—再失败—积极拼抢—再进攻”的规律。

参与体育运动对抗，有胜利必然就有失败，正是在这反反复复挫折与失败的情景教育中，体育运动参与者才不断获得磨炼自己、屡败屡战、不断进取的体验和心情。通过一次又一次的小挫折到中挫折，再到大挫折，不断提高自己抵抗失败打击的心理承受能力，如此进行下去，必定可以练就出一个可以经受千锤百炼且百折不挠的顽强意志。

在体育教学中，教师应注重对大学生正确比赛心理的引导，通过多样化的竞技训练与比赛，锻炼大学生胜不骄，败不馁，勇猛顽强，坚韧不拔，吃苦耐劳的意志品质，由于可以培养青年大学生的主动性、果断性、控制力、坚持力和创造力，这都是现代人人格精神的内涵，是大学生走出校园、进入激烈竞争的社会必须具备的基本素质。

（四）培养良好的意志品质

体育是培养人的意志品质的有效手段之一。在体育运动过程中，个体总是不断地和各种主客观困难做斗争，例如在进行锻炼中身体负荷强度大，常常需要达到身体极限，有时还能造成心理上的疲劳，因此，体育锻炼能很好地磨炼人的意志品质。田径运动是体育运动的代表，因此也具有培养个体良好意志品质的功能。

除此之外，进行体育运动锻炼，还能够有效培养大学生团结拼搏、乐于奉献、积极向上的优良品质；在体育规则的约束下，对于大学生形成文明的行为方式和良好的体育道德风尚是较为有利的；在体育竞赛过程中，有利于培养大学生克服困难、善于创新的精神，同时，对于培养大学生科学、文明、健康的生活态度也是较为有利的。

第四节　大学体育教育的新理念

一、以人为本

“以人为本”就是以大学生的全面发展为本。教育应面向全体大学生，开发大学生的智慧潜能，突出大学生的主体性，发展大学生的个性和创造力，使每一个大学生都能得到充分的发展，树立“以人为本”的教育理念。

“以人为本”的教育注重人的自然性和社会性的统一，是与现代认知心理学和人的社会性发展理论相适应的教育理念。“以人为本”的教学，不是在知识能力和素质之间、大学生与课程之间、技能教育和人文知识教育之间取其侧重，而是立足学科、大学生和社会三大基点，以大学生的主体性发展和完善为重心来组织教学。具体到体育教学中的“以人为本”理念，应做到以实现大学生终身的身心健康为根本目标，面向全体大学生，为大学生创造良好的学习环境，强调大学生的主动参与、相互合作和成功体验，注重激发大学生的体育主体意识，着重培养大学生的体育意识、素养和能力，加强教师与大学生，大学生与大学生之间的理解和情感交流，为大学生终身体育打好基础。

“以人为本”的教育理念是时代和社会发展的需要，是现代体育教育思想的进步，也是人的自身发展的需要。具体表现如下：

（1）教育目标的制定。在承认大学生之间存在个体差异的情况下，教学目标应设立一个上下浮动的区间，根据教材的性质、技术的难易系数及体能的要求等，对目标进行分类、分层。大学生在教师的指导下，根据自身的条件与期望值自主选择相应的目标层次，体现因材施教。

（2）选项课作为大学体育课的主要形式。要选择适应现代大学生价值取向的教学内容，适当增加现代体育运动项目，尤其是休闲项目的教学，同时也要尽量保留优秀的民族传统体育项目。这样能扩大学生的选择面，开拓他们的体育视野，激发他们的体育兴趣。

(3)灵活变通。体育教学方法也要体现内部激发性，不拘一格，具有灵活针对性和多边合作性。

(4)完善评价体系。完善教学评价体系，对大学生的考核评定，应特别强调个体差异，注重大学生的参与、体验和进步幅度。

二、健康第一

体育课程作为学校教育的一个重要组成部分，担负着增进大学生健康的重任。因此，学校应牢牢树立"健康第一"的指导思想。

"健康第一"它包括人体生理、心理和社会适应能力的三维健康观。具体应该表现在以下几个方面：

(1)"健康第一"的思想要体现在课程目标的制定和课程内容的选择之中。

(2)对大学生要加强健身理论课的传授，在大学生中建立一种"健康第一"的思想。

(3)在实践课中注意课的科学性、实效性和趣味性，强调以健身为主，注意传授科学的健身方法，改变过去以竞技运动技术为主的授课方式。

(4)根据大学生的身体素质、个性和健康状况，在教学中注意因材施教。

(5)注重考评对大学生的导向作用。

(6)普遍增强大学生身体健康的同时，注意提高大学生的心理健康。

总之，"健康第一"的思想观念正在逐步发展和完善。通过体育教学实践，让大学生体验和理解健康的意义，同时也让大学生认识到体育锻炼是增进健康的有效途径，使大学生掌握正确的锻炼方法，养成良好的生活习惯和终身体育意识。

三、终身体育

20世纪60年代末，一些国家的体育学者受终身教育思想的影响，根据人体自身发展规律和体育锻炼的作用以及现代社会发展的需要，提出了终身体育的思想。终身体育是指在人的一生中都要进行身体锻炼和接受体育教育与指导，它是终身教育的组成部分。这一思想得到了世界上许多国家体育学者的赞同，并逐渐形成一种新的体育思想和体育实践。

终身体育是健康的基础，它对人们各个不同时期的身体健康，都具有积极影响。在生长发育时期，可以促进身体正常的生长发育；在成熟期，可使人保持充沛的体力与旺盛的精力；在衰退期，可延缓衰老、延年益寿。"生命在于运动""用进废退"，体育锻炼应当伴随着人的一生。

学校体育是终身体育的基础，学校体育既是为了达到在校期间的体育教学目标，也是为终身体育打好基础。学校体育阶段是有目的、有计划、系统地全面锻炼身体，促进身心健康，掌握体育知识、技术、技能，养成锻炼身体的习惯，培养体育意识的重要时期。这个时期，身体生长发育得如何，体育意识培养得怎样，直接影响着人的一生。在青少年时期，通过学校体育，有计划、有组织地进行体育锻炼，培养自我体育意识，养成锻炼习惯，并能根据自己的兴趣和条件，学会几种实用性较强的健身方法和1～2个可以参与的运动项目，将会终身受益。

学校体育在终身体育的体系中起着承上启下的作用，是终身体育的重要一环，也是人们奠定终身体育基础的关键时期。因此，大学生要从思想上认识到终身体育的重要性，珍惜学校体育，热爱学校体育，主动参加体育锻炼，养成良好的运动习惯，为终身体育打好基础，也为将来走向社会做好准备。

第二章　大学体育教学方法创新

体育教学活动的开展需要教师在体育教学方法设计方面融入大量的教学智慧，通过科学合理的教学方法的设计与使用，来更好地呈现教学内容，激发大学生体育学习的积极性，以更好地实现良好的体育教学效果。随着现代体育教学的不断发展，一些新的体育教学方法被创新并应用到体育教学中，收到了不错的体育教学效果并被进一步推广。本章主要针对当前大学体育教学方法的选用和使用进行系统研究，以启发和指导体育教学者能结合教学实际选出最佳的体育教学方法及其组合，不断提高教学质量和优化教学效果。

第一节　体育教学方法概述

一、体育教学方法的概念

关于体育教学方法，国内外学者很早就开始进行，在研究过程中，诸多专家和学者对体育教学方法概念界定有以下共识。

(1)体育教学方法是体育教学系统的重要组成部分。

(2)体育教学方法与体育教学系统其他要素之间具有非常密切的关系。体育教学方法服务于体育教学目标和体育教学任务，应能够促进体育教学目标和任务的实现。同时，体育教学方法又受体育教学内容的制约。

(3)体育教学方法是“教”与“学”的统一，可有效促进师生的双边互动。

(4)体育教学方法受到特定的教学理论的指导。

(5)与其他科目教学方法相比，体育教学方法在注重教学语言要素的同时，更加注重动作要素。

综合我国学者对体育教学方法的研究，一般认为，体育教学方法，具体指为实现体育教学目的而采用的手段、方式、措施和途径等的总和。

二、体育教学方法的分类

从体育教学活动双边关系和参与主体来看，体育教学方法可以从“教”和“学”的角度进行教法和学练法的划分，具体分析如下。

(一)教法

教法是体育教学过程中的教师层面的教学方法，也是本书所指的教学方法，可以具体理解为教师的授课方法。

1.知识技能教法

教法类教学方法包括基本知识的教法和运动技能的教学方法。

(1)基本知识的教法

基本知识主要是指体育运动项目的基本理论知识,基本知识教法就是针对这些理论知识展开教学所使用到的教学方法,主要涉及基础学练理论教学。

一般来说,体育基础知识的学习主要是抽象知识的学习,具有一定的难度,不像体育运动技术那样可以直观地、生动形象地展现,这就需要教师在体育教学过程中深入了解大学生的知识基础、思维能力,选择相应的教学方法。教学方法应尽量具有操作性,并注意与体育运动实践的结合。

(2)运动技能的教法

运动技能的教法不难理解,是通过相应的教学方法来很好地向大学生呈现技术动作,帮助大学生很好地理解运动技能的概念、构成,这对于大学生提高体育运动技能具有重要的作用。教学方法应便于运动技能规律与特点的揭示,便于具体的技术动作的形象化生动化展示。

运动技能教法应用特点如下。

①教师通过教学方法的科学选择与实施,促进大学生对具体的运动技能的掌握。

②充分考虑与教学体系中其他要素,如教学内容的关系,结合教学内容分析,运用相应方法帮助教师完成教学任务。

③结合实际教学情况,充分发挥教学方法灵活多变的特点,随机应变,在体育教学活动中灵活处理各种教学要素。

2.思想教育法

思想教育法是为展现体育思想教学内容的教学方法,开展相应的思想教育时,教学方法选择应注意体育思想、体育道德内容展示的特点,促进大学生的体育价值观念、体育精神、体育道德、体育意志品质等的发展与提高。

思想教育法应用应促进大学生如下几方面的效果。

(1)形成良好的意志品质。

(2)发展个性。

(3)提高团队协作意识。

(4)形成正确的价值观和审美观。

(5)发展创造性。

(二)学练法

1.学法

学法,主体为大学生,在体育教学中,大学生的学法就是了解和掌握体育相关知识的方法,通过具体学法的选择与应用,促进大学生对体育知识、技能的掌握。

体育运动教学实践中,学法应用要求如下。

(1)确保大学生能掌握教学目标所要求的基本知识与技能,并结合个人情况有所发展。

（2）体育学习中，应重视体育知识、经验，自身体能与新知识、技能的有机结合，使体育技能学练符合自身身心发展规律、特点。

2. 练法

练法，具体是大学生的运动训练方法，是实现体育教学目的的重要方法和途径，指导大学生进行体育锻炼的方法是体育教学中最具本质特征的方法。

体育教学是一项身体实践性非常强的学科教学，各种体育知识、技能都需要大学生的体育活动实践才能理解、掌握，并在之后的体育活动参与中表现出来，这就需要大学生在体育学习过程中结合具体的学习任务、目标、自身实际情况，科学、循序渐进地参与体育运动训练，不断提高自己的体质、体能、运动心理水平，并进一步促进自我体育运动专项体能、技能和心理能力的发展。

三、体育教学方法的特点

（一）实践操作性

与其他学科不同，体育学科的学习更多时候需要大学生进行各种各样的身体练习，因此，在体育教学过程中，教师选择教学方法应充分考虑到大学生的具体的身体活动开展的可操作性，同时教学方法应考虑客观的体育教学条件能否为教学方法的体育教学活动组织提供必要的物质支持。

体育教学方法的实践操作性受到体育身体活动的基本性质影响，同时，也受到大学生的体育活动参与形式的影响，教师选择与使用教学方法，应结合具体教学实际对教学方法进行必要的修正，如果教学方法中的某一个环节和形式安排可能在接下来的教学活动开展中受阻，则教师应该灵活变通。不能让教学方法停留在理论层面，应落到教学实践中，符合教学实践。

（二）多感官参与性

体育活动的开展过程是师生的身体活动参与过程，教师与大学生进行各种体育技术动作示范、练习，都需要充分调动身体各部分的组织和系统的功能，整个有机体各个器官和组织、系统都要充分调动起来。例如，教师通过动作示范教授大学生某一项具体的体育运动项目的技术动作，大学生要利用眼睛去看动作，利用耳朵去听讲解、利用肢体去感受动作感觉，因此说，体育学练的过程，也是大学生有机体多感官共同参与的过程。

在体育教学中，为了获得良好的体育教学效果，体育教师在选择和运用教学方法时应注意教学方法是否能充分调动起大学生的多种感官的积极参与，优化教学效果。

体育教学方法对大学生的多感官的体育调动与参与主要表现如下。

（1）体育运动参与和学习中，需要大学生动用思维、感知、记忆和想象，需要大学生的眼睛、耳朵以及触觉和动觉等感受器官对运动的方向、用力的大小和动作的幅度等方面进行感知，形成正确的动作定式。

（2）在形成正确的体育动作的基础上，将所接受到的教学信息进行整理、分析，同时大脑思维活动指挥身体的各器官完成相应的动作；通过不断重复技术动作，最终实现动作技术的正确和精细。

(三)时空功效性

根据大学生的学习认知规律和动作技能形成规律,体育教学方法的各教学实施阶段都表现出体育活动的时空性特点,以及教学的时空特点。

体育教学开始阶段,教师作为教学主导者,指导大学生进行相应的学习活动,进行相应的分析、示范和指导。

体育教学期间,教学活动的主体发生了相应的变化,大学生的主体作用也在不断增强,大学生通过认知、分析和练习,掌握相应的知识和技能。

体育教学结束阶段,教师进行相应的总结和分析,对大学生的学习过程、学习效果进行客观、全面评价与分析,并预告下次教学内容,实现本次课与下次课的时空有效衔接。

(四)动静交替性

体育运动教学与训练应保持动静结合,这主要是受运动者个体运动负荷承受范围的影响,是体育教学的基本规律和特点。

体育教学方法的"动"即指技能学练,体育运动技能的学习与掌握必须通过实实在在的身体练习来进行,体育教学过程中的各种体育教学方法都是为了促进大学生更积极、更好地去参与各种身体活动,通过体育活动实践来掌握体育技能。

体育教学方法的"静"即指合理休息。大学生的体育学习过程中,大学生生理方面和心理方面都持续不断地受到刺激,并承受一定的负荷,长时间会导致疲劳影响学习效果与质量,这时需要安排大学生进行合理休息,包括积极性的休息和静止休息。

(五)师生互动性

体育教学活动的开展,需要教师和师生共同参与,教学方法的选择不应该只是组织活动让大学生参与,还要在体育教学活动中,教师能适时地融入大学生的学练、发现、探索活动中去,及时给予大学生正确的教学指导。教学方法的应用应有助于教师、大学生的体育教学活动的积极参与,并促进师生互动。

(六)继承发展性

新时期,教育工作者继续发展创新,教学方法及其应用也在不断丰富与创新使用,教师和大学生的师生关系、课堂体验,以及体育教学效果都在不断优化。

第二节　传统体育教学方法及应用

一、传统体育教法及应用

(一)语言教学法

语言教学法,就是教师通过语言表达,来阐述体育教学知识、文化、规律、特点、技术构成、教学活动安排与过程实施的方法。大学生通过对教师的语言来了解教学过程、参与到学习过程中去,掌握必要的教学知识点。

常用的语言教学法举例如下。

1.讲解教学法

讲解教学法，教师通过语言讲解来开展教学。讲解法通常用于体育理论教学，讲解过程中，教师应充分考虑大学生的理解能力与认知能力的特点与水平。

讲解法使用要点如下。

(1)讲解要明确，突出教学内容重点、难点、特点。在体育教学中，教师对于教学内容的讲解必须要有明确的目的，不能漫无目的地讲解，这样会使大学生抓不住重点，不能理解教师的用意，导致学习效率低下。

(2)讲解要正确。注重讲解内容(历史文化、动作术语、技能方法等)的准确描述。

(3)讲解要生动、简明、有重点。讲解应便于大学生更好地理解教学内容，如生动形象化的讲解可加深大学生的认知，教师应重视对技术动作的形象化描绘，可以适当加入肢体语言帮助大学生理解。再如，关于概念、技能难点的讲解应有重点，把握关键技术讲解，更便于大学生掌握动作要领。

(4)讲解要通俗易懂、深入浅出。教师要善于运用对比、类比、提问等方式进行启发性教学，这有利于大学生积极思维，使大学生举一反三，触类旁通，学以致用。

(5)注重教学内容讲解的时机和效果。

(6)重视讲解内容的前后关联性。

2.口头评价法

口头评价是体育教学中非常重要的教学方法，可以在课堂上及时、快速给予大学生最直接的评价、提醒，也可以在教学结束之后，对大学生的课堂表现进行口头点评。

根据评价性质，口头评价有如下两种。

(1)积极评价——教师对大学生的评价是鼓励性的、表扬性的，肯定性的。

(2)消极评价——教师对大学生的评价是负面的，以批评为主，这显然会让大学生感觉到不舒服和沮丧，对此教师应掌握必要的语言沟通技巧，注意措辞，要就事论事，不能过分打击大学生，更不能进行语言方面的人身攻击。

3.口令、指示法

口令、指示具有简短的高度概括性，在体育过程中，借助简短的字词给予大学生必要的提示，如体育时间教学中的动作学练。

口令和指示法应用要求如下。

(1)教师应发音清晰、声音洪亮。

(2)教师对大学生的口令、指示应尽量使用正面引导、积极性的词汇，并注意提示的时机。

(3)合理把握口令和指示的节奏。

在体育教学实践中，教师采用口令、指示法时，尽量做到语言精练，言简意赅。

(二)直观教学法

直观教学法，是利用大学生的感官直接冲击来加深大学生对体育教学内容的印象，使大学生更直观、生动、形象、直接地了解教学内容。具体来说,通过直观刺激大学生感官。

体育教学中的常见直观教学法有如下几种。

1. 动作示范法

在体育教学中,教师通过对教学内容的动作示范,来使大学生对所要学习的项目技术动作有一个生动形象的了解,熟悉动作结构和要领。

动作示范教学法的运用应注意以下几点。

(1)明确示范目的。教师在进行动作示范之前,要指导示范的目的是什么,要展示什么。

(2)示范动作正确、流畅,教师进行教学动作示范,是为了给大学生提供必要的技术动作模仿对象,教师的示范动作必须要正确,避免错误引导大学生。

(3)示范位置合理,体育教学中,教师的动作示范应让每一个大学生都能全面、准确观察,使所有大学生都能够清楚地观察到示范动作,可多角度示范。

(4)示范应与讲解结合起来,通过示范、讲解,充分发挥大学生的视觉、听觉、触觉等各感官的作用,使大学生的听觉和视觉器官同时利用起来,以更好地加深大学生对正确技术动作方法的理解与掌握。

2. 教具与模型演示法

采用图表、照片和模型等直观教具辅助教学,使大学生更加易于理解相应的技术结构和动作形象。教具与模型演示教学,应注意以下几点。

(1)提前准备教具、模型。

(2)教具、模型全方位展示,如果介绍具体器材的使用方法可以让大学生近距离体验。

(3)注意教具与模型的使用保护。

3. 案例教学法

案例教学法,就是在体育教学中举例子,使大学生对体育教学内容的理解更加简单、直观、形象。

案例教学法应用要求如下。

(1)举例恰当,避免举无效案例。

(2)对战术配合和组织案例分析尽可能详细,并注意多角度(如攻、守)分析。

4. 多媒体教学法

多媒体教学方法是现代体育教学中被较多使用的方法,与传统的课堂板书教学不同,多媒体教学能令教学内容的展示更加生动形象,而且教师应更加准确地利用多媒体教学技术向大学生分析动作的细节,通过动画和视频演示,可以将每一个动作精确到秒上,将教学内容制作成电影、幻灯、录像等,通过重放、慢放、定格等操作方法,使大学生更深入、系统地学习知识,掌握技能。

多媒体教学法的使用需要必要的多媒体教学技术支持,也需要教师具备一定的多媒体技术操作能力。

(三)完整教学法

完整教学法是体育教学中广泛应用的一种教学方法,该教学方法重在完整地、不间断地演示整个技术动作过程，通常在体育教学实践课中运用。

完整教学法的体育教学应用应注意以下几点。

(1)讲解要领后直接运用。教师通过对体育运动技术动作的分解讲解后，示范整个技术动作，使大学生能流畅地模仿完整技术动作。

(2)强调动作练习重点。体育实践教学中，对于较为复杂的动作，教师应明确讲解、示范重点，使大学生正确把握技术动作难点。

(3)降低动作练习难度。降低动作难度以便于大学生完整练习，建立正确动作定型后逐渐增加难度，待大学生熟练后再按标准动作进行完整动作学练。

(4)应注意将各动作要素进行分析，以使得大学生能够了解用力的大小、动作的程度等方面。

(四)分解教学法

分解教学法是与完整教学法相对应的一种教学方法，适用于复杂和高难体育项目的技术动作教学。该教学方法能将复杂的动作简单化，降低技术难度。

分解教学法适用于复杂和高难度的体育技术动作教学，具体是指在体育教学实践中，教师分解完整的技术动作，通过各个阶段、环节的逐个教学，最终使大学生掌握整个技术。分解教学应注意以下几个方面。

(1)对技术动作的分解要注意科学，不能打破各环节之间的有效衔接。

(2)分解后的技术动作依次教学，熟悉后注意组织大学生对学习环节前后的衔接结合练习。

(3)技术动作分解与完整综合运用效果更佳。

(五)预防教学法

体育教学的开放性使得体育学习同样是一个开放的过程，可受到各种因素的影响与干扰，就大学生的个体差异性来说，大学生的认知能力、理解能力、肢体协调能力等，大学生不可能做到一下子就能准确掌握知识要点、动作要领，学习过程中难免会犯各种各样的错误，教师针对大学生的学习错误，应及时预防和纠正。

预防教学法是对大学生的错误认知、错误动作的提前采取阻断措施的教学方法。

预防教学法应用要求如下。

(1)体育教学中，教师应在讲解过程中不断强化正确认知，避免大学生错误认知。

(2)教师在备课时可结合自己的教学经验对大学生可能会犯的错误做好预防预案。

(3)可结合口头评价、提示、指示帮助大学生及时预防错误。

(六)纠错教学法

纠错教学方法是大学生在体育教学中出现认知、动作错误后，及时予以纠正错误的教学法。

在体育教学过程中，教师应正确对待大学生由于对各种动作技术理解不清或对动作掌握不标准的错误，注意进行有意识的引导和纠正。

纠错教学法应用要求如下。

(1)纠错时,应注意正确技术动作的讲解,使大学生明确产生错误的原因,及时改正。

(2)结合外力帮助大学生明确正确技术动作的本体感觉。

预防和纠错相辅相成,和预防相比,纠错的针对性更强,要求教师认真分析大学生错误的原因,并有针对性地结合错误的源泉采取相应的纠正措施,并给出改正方向与方法。

(七)游戏教学法

游戏教学法,指教师利用组织游戏的方法使大学生完成预定教学任务的教学方法。这种教学法的应用比较广泛,在体育教学的初期和其他各时期都经常被使用到,在调动大学生的体育学习积极性与主动性方面具有良好的作用。

游戏教学法的应用应注意以下几点。

(1)所开展的各项游戏应与具体的体育教学内容相适应,应与教学内容相关。

(2)游戏内容应选择大学生感兴趣的内容、方式。

(3)游戏开始前,注意游戏规则、目的的讲解。

(4)游戏过程中,强调大学生的积极努力、同伴协同配合。

(5)游戏过程中,教师应监督大学生在游戏中的行为,避免大学生破坏规则,如有发生应实施"惩罚"。

(6)游戏结束后,教师应做客观、全面评价。

(7)注意教学安全。

(八)竞赛教学法

竞赛教学法,是通过教学竞赛的方式来开展体育教学的方法,竞赛教学法重视大学生的体育运动技能的实践检验,也重视大学生在运动中的角色体验以及学会如何处理与队友的关系,并可以促进大学生的运动心理的调适与完善。竞赛教学法是体育教学不同于其他学科教学的一种重要教学方法,对于大学生的身体运动素质、竞技能力、心理素质、社会性关系处理等都具有重要发展促进价值。

竞赛教学法的教学应用要求如下。

(1)明确竞赛目的。通过足球运动竞赛切实提高大学生的足球运动技能水平。

(2)合理分组。各对抗队的实力应相当。

(3)客观评价。对竞赛过程中大学生完成动作的质量予以客观的评价,并指出改进的方向和方法。

(4)竞赛教学法应在大学生熟练掌握相应的运动技战术后使用,避免大学生发生不必要的运动伤病意外。

在体育教学实践中,教师不应只专注于使用一种教学方法,也不能毫不顾忌地多个教学方法交叉和叠加使用。上述各种体育教学方法的应用应结合具体的教学实际情况和大学生情况科学地选择,以选择最佳的教学方法或者教学方法组合,进而促进良好的体育教学质量和教学效果的不断提高。

二、传统体育学法及应用

(一)自主学习法

所谓自主学习法,即大学生积极主动独立自主进行体育学习的方法,在学习过程中,主动发现、分析、探索、实践。当然,整个学习过程需要教师必要的指导。

大学体育教学中,教师指导大学生进行自主学习,应做好以下几方面的工作。

(1)教师应针对大学生的水平、特点,为大学生安排难度适当的体育教学内容。

(2)教师可帮助大学生制订学习目标,指出大学生通过自我探索应该达到什么水平,解决哪些问题,大学生应根据自身的知识储备和能力水平,明确学习目标。

(3)大学生应根据自身情况,对照学习目标,进行积极的自我调控,并及时改进教学方法和教学策略。

(4)教师必须认识到,组织大学生进行自主学习,教师仍要间接参与大学生的整个学习过程,自主学习并非意味着教师放任不管,教学中,教师应时刻关注大学生的学习进度,如果大学生的学习偏离预期,应及时引导。

(二)合作学习法

合作学习法,是在教师的指导下,大学生进行合作互助,通过责任分工承担不同学习探索任务,并最终解决问题,达到教师所设定的学习目标,完成教师布置的学习任务。

合作学习能够提高大学生的学习能力、合作能力,教学中,具体的学习操作方法如下。

(1)教师根据教学内容确定相应的教学目标。

(2)教师引导大学生结成学习小组。

(3)全体大学生在教师的指导下,根据教学内容确定相应的教学目标。

(4)确定各小组研究的课题,引导大学生自己进行小组内的具体分工。

(5)小组成员合作完成小组学习任务与目标。

(6)不同小组进行学习和交流,分享研究成果,发现问题,取长补短。

(7)教师关注、监督大学生学习,推动各小组活动顺利开展。

(8)教师评价,帮助大学生总结。

三、传统体育练法及应用

(一)重复训练法

重复训练法,就是反复进行某一训练内容练习的方法。重复训练法旨在通过反复的动作重复不断强化运动条件反射,使机体产生较高的适应机制,促进大学生掌握和巩固技术动作。

1.重复训练法类型

一般来说,可根据训练时间长短和间歇方法将充分训练法进行分类,具体见表2-1。

表 2－1　重复训练法的分类

分类依据	训练方法
训练时间长短	短时间重复训练方法(不足 30 秒)
	中时间重复训练方法(0.5～2 分钟)
	长时间重复训练方法(2～5 分钟)
训练间歇方式	连续重复训练法
	间歇训练法

2.重复训练法应用要求

(1)同一动作反复练习难免枯燥乏味,训练中教师应时刻关注大学生的情绪。

(2)训练中,应严格规范大学生的技术练习,对大学生的运动训练负荷强度应科学控制。

(3)强调技术动作的正确练习,如果大学生连续出现错误动作,应停止练习,防止错误强化。

(4)训练数量、负荷、次数安排符合大学生实际。

(二)持续训练法

持续训练法,是在保持一定负荷强度、运动时间的基础上无间断地连续进行练习的训练方法。

1.持续训练法类型

根据训练持续时间,持续训练法具体分类见表 2－2。

表 2－2　持续训练法的分类

分类	训练方法	
训练持续时间	短时间持续训练法	
	中时间持续训练法	变速持续训练
		匀速持续训练
	长时间持续训练法	

2.持续训练法应用要求

(1)持续训练法使用单个或组合技术的反复持续性练习。

(2)训练前,大学生应熟悉具体的训练内容、程序。

(3)持续训练过程中,应关注大学生的训练质量应保持在一定水平,提醒大学生注意训练中的动作质量。

(三)循环训练法

循环训练法,是对较多的训练内容进行分类和排序,依次完成训练内容与任务,然后再从训练最初的任务开始,不断循环重复整个训练内容的训练过程与方法。

循环训练各站点内容不同,对提高大学生的训练兴趣和积极性、主动性有较大的促进作用。

1.循环训练法类型

循环训练法的实践应用类型划分如表 2－3 所示。

表 2—3　循环训练法的分类

分类依据	训练方法	
运动负荷特征	循环重复训练法	对各训练站点之间间歇时间不做特殊安排
	循环间歇训练法	明确各训练站点的间歇时间
	循环持续训练法	各个训练站点之间不安排间歇时间
训练组织形式	流水式循环	按一定的顺序一站接一站地周而复始
	轮换式循环	各大学生于同一时间在各自练习站训练
	分配式循环	先在站中练习，然后依次轮换练习站

2. 循环训练法应用要求

（1）注意各训练内容的排序应合理，符合一定规律。

（2）训练逐渐深入，不要急于求成，一般，先练一个循环，过 2～3 周再增加一个循环。

（3）任何时候，训练参与最多不得超过 5 个循环。

（四）完整训练法

完整训练法，指从头到尾完整地完成一个动作、一套动作、一个技战术配合的训练，整个训练一气呵成，没有中断。

完整训练法实施应注意以下几点。

（1）完整训练法适用于单一技术训练。

（2）较复杂的技能训练，应注意大学生的技能基础的良好奠定，然后再进行完整训练。

（3）一些运动项目中的战术配合训练，完整训练中，应注意指导大学生对整个战术节奏、要点、关键环节的把握。

（五）分解训练法

分解训练，与完整训练相对，是对训练内容进行阶段、环节划分，逐一攻破，逐一精细化地学习与练习的训练。

1. 分解训练法类型

分解训练法各方法应用特点见表 2—4。

表 2—4　分解训练法的分类

分类	训练方法特点
单纯分解训练法	把训练内容分解成若干具体部分，分别练习各部分
递进分解训练法	把训练内容分解成若干具体部分，依次有序练习各部分
顺进分解训练法	训练内容分解后，先训练第一部分，再训练第一、第二部分；再训练第一、第二、第三部分……
逆进分解训练法	与顺进分解训练相反，先训练最后一部分，再将前一个训练内容叠加训练

2. 分解训练法应用要求

（1）科学分解，不能切断不能分割的部分。

（2）注意大学生对各分解部分的细节练习。

（3）分解训练各部分熟悉掌握后，应进行完整练习。

（六）间歇训练法

间歇训练，“间歇”把控是重点，具体是通过对训练时间的严格规定，来通过训练内容与训练时间的有机结合与搭配，安排各内容与阶段的训练方法。

1. 间歇训练法类型

间歇训练法的基本类型有三种，具体参见表2—5。

表2—5　间歇训练法的分类

分类	训练方法特点
高强性间歇训练法	适用体能主导类速度性和耐力性运动项群的素质、技术及技能主导类对抗性运动项群中的攻防训练
强化性间歇训练法	通过强化间歇来控制训练
发展性间歇训练法	适用减少人数且比赛时间分解成阶段性的连续攻防训练

2. 间歇训练法应用要求

（1）根据超量负荷的原理，训练中可提高每次练习的强度，增加练习重复次数和调整间歇时间。

（2）间歇时间科学、合理。

（3）训练负荷得当。

（4）下次训练前，应使机体完全恢复。

（七）程序训练法

程序训练法是按照一定的顺序进行的程度化、模式化的运动训练方法。

1. 程序训练法类型

（1）顺序训练，按照一定规律和标准明确训练程序，依次展开训练活动。

（2）逆序训练，特定训练目的下进行，很少见。

2. 程序训练法应用要求

（1）强调训练过程的时序性。

（2）训练时序性应与训练内容逻辑性融为一体，控制训练过程。

（3）训练系统化。大学生的整个训练过程应是系统、完整、可控的。

（4）训练定性化。具体的训练内容、方法和步骤应体现出鲜明的定性化特点，解决重点训练任务。

（5）训练程序化。整个训练科学、有序，事先安排好，训练应在严格检查、评定、监督下进行。

（八）变换训练法

变换训练法，重在对运动训练要素的变换，通过变换不同的训练要素来开展训练活动的训练方法。

1. 变换训练法类型

根据可变换的内容与要素，变换训练法常见方法类型见表2—6。

表 2—6　变换训练法的分类

分类	训练方法特点
内容变换训练法	技能训练的内容可为技术动作的变异组合，亦可为固定组合
形式变换训练法	变换训练场地、线路、落点和方位等条件或环境
负荷变换训练法	重视负荷强度或负荷量的变换，如降低负荷强度，掌握正确的排球技术动作，形成正确动作定型；提高负荷强度及密度，适应比赛要求

2. 变换训练法应用要求

(1)训练通过各种条件"变换"实现，这种"变换"应使大学生产生适应。

(2)初次训练和基础差的大学生参与训练，一次训练中变换的要素不宜过多。

(九)比赛训练法

比赛训练法是以赛代练的训练方法。

1. 比赛训练法类型

体育教学中的比赛训练方法主要有以下几种。

(1)训练性比赛。以训练条件为基础，训练与比赛交叉、同时进行。

(2)模拟性比赛。对事先所了解的各种比赛信息进行归纳总结，组织比赛模拟条件和环境，为正式参赛做准备。

(3)检查性比赛。训练旨在检验大学生在赛前训练的训练质量，通过训练，发现不足并改进。

(4)适应性比赛。比赛环境是真实的，通过真实比赛进行训练，提高大学生的比赛适应能力。

2. 比赛训练法应用要求

(1)确保大学生具有一定运动基础。

(2)明确比赛规则，严格按照比赛规则开展。

第三节　符合现代教育理念的体育教学方法

在"以人为本""健康第一""终身体育"等新的教学理念指导下，填鸭式教学方法的选择和应用越来越重视体育教学中大学生的体育学习体验，并越来越重视大学生的学习积极性与主动性的发挥，对于大学生来说，符合现代新教学理念的体育教学方法的应用，大大提高了大学生的体育学习兴趣，同时，体育教学环境更加优化，学习体验更加丰富多彩与生动、形象。

一、现代创新体育教法

(一)探究教学法

探究教学法，也称指导发现教学法，是一种充分发挥大学生的能动性的教学方法。在教师有意识的体育教学中，让大学生经历教师所设计的各种教学环节，引导大学生逐渐发现问题，讨论问题，并处理和解决问题。

研究表明，探究教学法符合现代教育教学理论对大学生的要求，也是新体育课程强调大学生主体性理念的重要表现，因此在体育教学实践中日益受到重视，该教学方法在体育运动教学中得到了尝试并收到了良好的教学效果。

探究教学法的体育教学应用有机结合了教师的“教”和大学生的“学”两个方面。指导发现教学法主要适用于战术、攻防关系、技术要点教学中，具体应用程序如下。

(1)大学生预习教师所要教授的教学内容时，发现问题。

(2)教师以指导语的方式改造所授教学内容，并且将一些相关的观察结果和分析的直观感知材料提供给大学生，使大学生自行解决学习中遇到的困难和问题。

(3)体育教学中，重视对特定教学环境的建设，使大学生在积极探索、研究的过程中获得知识和掌握技能。

(4)教师进行教学分析归纳总结。

(二)合作学习教学法

合作学习教学法是通过对大学生进行分组，使大学生以小组形式完成学习任务的教学方法。合作学习教学法有利于大学生养成合作和竞争的意识，对于在足球运动中发挥集体协作作用具有重要的帮助作用。

在现代体育运动项目教学中，许多教学活动都需要大学生的共同参与，即便是以个人运动技能展示为主的体育运动项目，在运动技能练习过程中，也需要其他同伴的培养，离不开各参与者的相互配合，因此，通过合作学习不仅能增加大学生之间的默契配合，提高大学生的合作意识和合作能力，还有助于良好的教学环境和氛围的形成。

(三)多元反馈教学法

新课程标准要求重视大学生在体育教学中的地位，重视和谐师生关系的建立，多元反馈教学方法正是强调教师与大学生之间在学习过程中融洽与合作关系的教学方法，该方法更加突出师生之间、大学生与大学生之间进行信息的交流与反馈的及时性，教学过程中，重视通过对大学生的积极性、主动性和创造性的激发和调动，促使教学信息的多向传递，促进大学生通过系统的知识学习实现自我发展。

多元反馈教学法在大学体育教学是一种新的尝试，教学中科学运用反馈教学法应注意以下几点。

(1)以信息的相互反馈作为主要的线路，并在教学过程中，教师与大学生间、大学生之间、大学生与教材、媒体之间都要做到信息的及时、有效的反馈，这也是提高体育教学效果的关键所在。

(2)教师要善于及时、准确地捕捉各种反馈信息，并进行整理分析，作出准确的判断，修正教学过程。

(3)教师应对所反馈信息的正、负影响作出准确的判断，及时地向大学生进行反馈，使大学生更好地了解自身存在的问题和不足，有针对性地进行改正，有效控制教学过程与结果。

(四)多媒体技术教学法

多媒体技术,即CAI技术,是伴随着计算机信息技术的发展而获得发展的,多媒体教学技术应用于教学已经有较长的一段时间,且因其具有可嵌入度以及良好的交互性能深受师生欢迎。多媒体技术的发展使得体育教学的教学手段更加丰富,多媒体技术纳入体育教学更多地应用于体育理论课教学。

相比于传统的教学手段,多媒体技术将体育运动相关录像、图片、flash等的引入课堂教学,综合了大学生视觉、听觉、视听觉内容,在包括体育运动在内的体育教学中得到了广泛应用,教学效果良好。

目前,各种教学的多媒体设备、软件日益增多,越来越便携的输出设备,使得大学生在需要时可以观看视频或图片,手机、笔记本电脑、平板电脑的出现使得更多的课件可以以此为设备核心展开体育教学。

多媒体教学替代了传统意义的收录机、播音机、手鼓、节拍器等教学手段,体育教学更加智能,并表现出集成性、便捷、生动、立体、交互、实时、长久储存等特点。

就我国大学体育教学现状调查分析来看,多媒体技术教学在我国各级各类高校的应用机会不是很多,这与我国整个体育教学系统中多媒体课件的数量和质量不高、大学体育媒体教室资源和多媒体体育课件资源较少等问题有关。

(五)计算机网络教学法

计算机网络教学,依托于计算机技术和网络通信技术,可以实现体育教学更加生动、互动与高度交互。计算机网络教学改变了传统教学课堂教学的范畴,计算机网络教学大大地拓宽了教学的时间与空间。

现阶段,计算机网络教学在大学体育教学中的运用,主要体现在校园教学学习网络的建立。早期的BBS由教育机构或研究机构管理,当前许多著名高校的校园网站上都建立了自己的BBS系统,通过互联网介入教学。借助于校园计算机网络建设和大学生的网络设备利用,可形成多元化的综合性校园体育网络课程教学体系。

和传统体育教学方法相比,在新的依托计算机网络的"教"与"学"的交互平台上,师生之间、大学生之间可以利用在线交流、邮件、留言等形式实施互动,不仅有助于降低教学时间与空间限制,还能提高教学维度,优化教学效果。

和多媒体技术教学相比,计算机网络教学更加智能化,教师所使用的教学资料和教学工具都是数字化、集成化的,课程内容以电子教材的形式呈现,网络课程教学过程中,可以实现网络即时模拟讲课、批改作业,在课内教学的基础上很好地解决了教学的延续性问题,师生的交互性更强,充分互动,并突出了针对性,实用性、趣味性,寓教于乐,可以促进大学生体育运动学习和教师体育教学的教学相长的良性循环。

二、现代创新体育练法

(一)模式训练法

模式训练法是根据规范式模型进行的训练。和其他训练方法相比,模式训练法主要有以下两个特点。

(1)信息化,必须先收集到有关该情景、环境、条件的信息,才能进行针对性的训练。

(2)定量化,训练内容、方法、步骤等应进行定量控制,以便随时调整、完善训练。

(二)动作组合训练法

动作组合训练,是对多个技术动作的综合融合训练,适用于操类运动、球类运动基础技术动作练习。这种训练方法可令训练内容更加丰富、多变。

1.动作递加法

递加法是通过两个和多个动作连接进行练习的方法。当教会一个动作或组合时,必须及时与前面动作或组合连接起来练习。训练操作如下:

(1)学练 A,学习 B,连接 A+B。

(2)学练 C,连接 A+B+C。

(3)学练 D,连接 A+B+C+D。

2.过渡动作法

在新动作之前或组合与组合之间加入一个或一段简单易学的过渡动作的练习,操作示意如下:

(1)学练 A,学习 B,连接 A+B。

(2)学练 B,学习 B+N。

(3)学练 A+B+N。

(4)学练 C,连接 A+B+C+N。

(5)学练 D,连接 A+B+C+D。

3.动作组合层层变化法

层层变化法是把原有的组合中每次按顺序只改变一个动作,使之过渡到另一个动作组合的方法。操作示意如下:

(1)学练动作 A,动作 B,动作 C。

(2)改变动作 A 后,学练动作新 A,动作 B,动作 C。

(3)改变动作 B 后,学练动作新 A,动作新 B,动作 C。

(4)改变动作 C 后,学练动作新 A,动作新 B,动作新 C。

(三)信息化虚拟训练法

信息化虚拟训练,具体是指通过信息技术创新虚拟训练环境,注重运用现代生物力学技术与计算机技术模拟视觉效果,在虚拟的情境中进行体育训练活动。例如,篮球战术训练中,模拟 CBA 或国际比赛环境,运用 3D 游戏场景引导大学生在 VR 眼镜下进行战术感知;蹦床训练中,在虚拟蹦床比赛场景下促进大学生进行高精度的蹦床训练,实现多维判断。

第四节　大学体育教学方法的创新与发展

一、大学体育教学方法发展趋势

(一)多元化

体育教学的复杂性决定了体育教学方法的多元化发展:体育教学发展至今,已经有了许多教学方法,随着体育教学在未来的不断发展,也必然会出现更多的体育教学方法,体育理论知识体系和运动技能内容丰富,技战术复杂、体育教学系统的多元化都在客观上要求体育教学方法的多样化与多元化,单一的教学方法是无法实现教学目标的,新课程改革的开展与深化也要求必须创新教学思路与方法。体育教学方法的多元化能为体育教师的体育教学提供多种选择,进而实现体育教学更加科学地组织与开展。

现代体育教学中,随着新课程改革的开展与深化,综合考虑多方面影响因素,争取教学方法的多元化优化创新是体育教学发展的必然趋势。

(二)现代化

科学技术的发展为人们的生活提供了便利,在教育领域,新技术的应用对新的教学模式、教学方法的创新也提供了技术支持。教学设备的现代化是体育教学的重要表现之一。随着体育教学的各项技术逐渐发展,其教学方法也必然呈现出现代化的发展趋势。

传统大学体育教学理念与方式已经表现出局限性与落后性,传统课堂板书、单纯体能训练(苦练)的教学方法已经与现代社会与大学生的发展需求严重不符,不能充分调动大学生学习积极性,加快大学体育教学方法创新是大学体育教学改革的必然,而且创新意义重大。

新时期,随着现代体育教学的发展,现代化的教学设备、技术在体育教学中广泛应用。通过先进的现代化设备,教师能够对大学生的身体素质进行更加深刻的了解,并能够更好地制定运动训练的负荷量。在教学管理方面,能够给大学生的学习和生活提供更加便捷的服务。而体育理论教学中,多媒体、计算机软件等的运用,使得体育教学更加生动形象。

在科技发展迅速的大环境下,科学技术的进步对其教学方法的影响是极其深远的。多媒体技术教学、移动通信教学、网络教学等诸多新的具有现代时代特点的体育教学方法的优化创新,充分吸收了现代的先进科技,为大学生的体育学习提供更加快捷、生动、形象和立体化的教学情境,符合当下大学生的学习习惯与需要,也经过教学实践证明确实优化了教学效果。

(三)民主化

民主化教学是现代体育教学改革中所提倡的一种新的体育教学思想,民主化的体育教育有两个方面的要求:其一,体育教育面向全体大学生,每一个大学生的体育参与都是民主的;其二,在体育界呼吁体育教学中的师生民主,体育教学的民主化是大势所趋。

随着体育教学过程中民主意识的崛起,民主化的体育教学方法也逐渐得到快速的发展。在体育教学方法的选择过程中,也应关注到体育教学中的民主化条件、氛围的创设,让大学生在良好的教学环境中学习、参与体育。

（四）合作化

现代体育教学实践中，只运用一种教学方法不可能完成整个教学，这就需要对多个教学方法进行综合使用，这就是体育教学的合作化。

体育教学方法的合作化，是体育教学方法的重要创新策略，目前，自主学习、合作学习等推崇民主教学的教学方法已经在我国高校得到广泛应用，极大地促进了教学目标的完成和大学生的全面发展。

一方面，注重大学生合作的教学方法选择，有助于培养大学生的体育合作意识，是实现对大学生的体育学习的社会性能力培养与发展的科学有效途径，能更好地通过教学活动组织实现体育的社会性教育功能。

另一方面，多种各具特点的体育教学方法的综合运用，可以最大限度地发挥不同体育教学方法的优势，多种不同特点教学方法的优化合作，不仅能够有效地提高大学生的技战术水平和知识，还能够培养大学生的品德，更有利于促进于大学生技战术的学习和提高，能培养大学生的合作意识和良好意志品质。这是对多元体育教学方法的一种“优势放大”，有利于体育教学效果的完善和教学质量的提高。

（五）个性化

体育教学中的教学方法面向的是全体大学生，但不同的大学生之间存在各种差异，这就需要体育教学方法在选用过程中也突出个性化，体育教学的方法应随着大学生各方面的变化（大学生的时代特征、个性差异）而进行适当的调整。个性化的教学方法改革和创新对于大学生和社会的发展均具有重要的意义，能真正实现每一个大学生都能有所发展和进步。

传统体育教学强调教师对教学的指导，教师的教学活动忽视了大学生个体之间的差异性，大学生的体育学习比较被动。

新时期，随着现代大学体育教学改革的不断深入与发展，再加上现代社会越来越注重大学生个性的发展，大学生的个性发展得到学校教育的重视，同时，在新的体育教学理念的推动下，新的科学技术在体育教学中广泛应用，现代体育教学中的体育教学方法的个性化发展成为可能，并具有了科学化的操作路径，能促进体育教学中大学生的个性化教学。大学生的个性发展要求教师应根据大学生的具体情况，采用不同的体育教学方法。这对于提高大学生的体育学习兴趣，充分调动大学生的体育学习积极性与主动性具有重要的意义和作用。体育教学方法的发展也必然呈现个性化发展趋势。

（六）心理学化

体育具有多元教育功能，促进大学生的心理健康发育是体育教育的重要教育功能之一，体育教学中的教学方法选择应为体育的心理教育功能的实现服务，体育教师在体育教学方法中应重视大学生心理塑造，正确引导大学生，培养大学生体育健身意识、促进大学生的良好体育道德、体育意志品质、体育精神和体育行为的养成。

实践表明，心理学理论在体育教学中的应用对于实现体育教育教学，促进大学生身心健康发展具有重要意义，为大学生心理建设、发展提供了启发，通过科学的心理学理论指导，教学方法开始选用更多地关注大学生心理，能使体育教学方法更符合大学生的心理发育特点和心理活动特点，有助于有针对性地选择合适的体育教学方法，更好地激发大学生的体育学习的积极性与主动性。通过影响大学生心理来组织和实施体育教学，能更好地实现体育教学，更进一步地促进大学生身心健康发展。

（七）最优化

不同教学方法各有优点，针对具体教学内容、教学对象特点，教师应善于甄选出最佳的教学方法。

具体来说，教学方法的选择应充分考虑两个方面：教学方法创新发展必须重视教学方法优化策略中的系统性和操作性；体育教学方法的优化发展应充分考虑教学方法的实操性和实效性。

二、大学体育教学方法的科学选择

大学体育教学方法丰富多样，不同的教学方法各有优点与特点，要真正发挥教学方法在大学体育教学中的作用就必须要重视教学方法的科学选择，具体来说，大学体育教学方法的科学选择依据主要有以下几个。

（一）依据教育理念选择

教学理念对教学方法选择有重要指导作用，教学方法的选择应以最新体育教学理念为指导，具体要求如下。

（1）现代体育教学强调素质教育，强调大学生的身心健康全面发展。体育教学方法选择应体现"以人为本"，促进大学生体育参与和学习过程中的"健康第一"，并有利于提高大学生体育学习的参与积极性，促进大学生树立"终身体育"信念。

（2）体育教学方法的选择应体现出大学生在体育教学中的主体地位，激发大学生的积极性与主动性。

（3）体育教学方法的选择应重视教学活动中的对大学生的体育意识、体育能力的培养，为大学生走出校门、走向社会继续参与体育奠定知识与技能基础。

（二）依据教学目标选择

教学目标、任务不同，教学方法的选择不同。体育教学目标是科学选择体育教学方法的重要依据。

依据体育教学目标选择体育教学方法，要求如下。

（1）从体育教学的总体目标要求出发，保障每次课的教学目标和总体教学目标都能实现。

（2）充分考虑教学媒体的选用能否实现本次课的教学目标，结合目标应用不同教学媒体，选择不同方法。

（3）教学方法要充分考虑具体教学活动安排所要实现的每一个小的教学目标，如为了让大学生巩固技能，教师应多采用练习法、比赛法等；为了教会大学生学习新技能，教师应多采用讲解、示范、分解、模仿练习等教学方法。

(4)现代体育教学总目标是“促进大学生体魄强健、身心健康”,所有教学方法的选择都应该以此为标准,不能偏离这个标准而只考虑短期的教学目标实现,短期教学目标的实现也是为长期教学目标的实现服务的。

(三)根据教学内容选择

体育教学内容丰富,不同的教学内容向大学生展示,需要使用到不同的教学方法才能呈现出最好的教学效果,在体育教育教学系统中,教学内容和教学方法是两个重要的系统构成要素,二者之间具有密切的关系。因此来说,教学方法选择必须充分考虑教学内容。具体操作要求如下所示。

(1)选择体育教学方法,应充分考虑体育教学内容的方便实施,如技术动作教学,应采用主观的示范法;原理教学,应采用语言讲解教学法。

(2)选择体育教学方法,应充分考虑教学内容的表现方式,通过哪种教学技术能更好将教学内容呈现给大学生,最大限度激发大学生的学习兴趣,就选择哪种最适宜的教学方法。如图片展示更直观便捷,还是多媒体教学展示更生动细致,这些都需要教师综合教学内容与表现形式综合考虑。

(四)依据大学生特点选择

大学生是体育教学的对象,教学活动开展不能离开大学生,否则教学就没有任何意义。对于体育教师来说,体育教学方法的科学选用是为更好地促进大学生体育学习服务的,所以在具体的教学方法选择中应重点考虑大学生的特点。

在体育教学中,科学选择体育教学方法,既要考虑大学生群体特点,还要考虑大学生个体特点。具体来说,根据教学对象特点选择教学方法,应重点关注以下几个方面的工作。

(1)科学选择教学方法,就大学生群体特点来说,就是要根据抓住某一大学生群体的共性,科学选择能涵盖大学生这些共性的、有针对性的体育教学方法。

(2)就大学生个体特点来说,要关注不同大学生的个体差异,针对不同大学生采用不同的教学方法。

(五)依据教师条件选择

体育教师是体育教学组织者、指导者,是体育教学活动安排者,也是体育教学方法的选择者、实施者,因此,教学方法选择应充分考虑教师相关条件,要求如下。

(1)体育教学方法选择,应考虑该教学方法是否能使得具有一定高素质的教师能科学、有效地实施,充分发挥出教学方法的优点。

(2)体育教学方法选择,应充分考虑是否符合教师的教学风格、性格特征。

(3)体育教学方法的选择,应考虑教师自身的本次课教学目的与课堂控制情况。

总之,在体育教学方法的选择过程中,教师应认真审视自己,根据自己的实际特点来选择合适的教学方法,以便扬长避短,使教学方法选择更具针对性。

(六)依据教学环境与条件选择

在整个体育教学活动开展过程中,体育教学方法的选择应考虑到整个教学活动所涉及的教学因素,其中,客观教学环境与条件是应重点考虑的因素,教学方法的科学选择应该以这些必要的教学要素为依据。

具体来说，教学环境包括场地器材、班级人数、课时数等，同时，外界的社会文化环境也对教学环境具有重要的影响。体育教学条件则涉及体育教学的硬件条件、软件条件等。

在体育教学活动开展过程中，体育教学环境与条件不以人的主观意志为转移，对教学方法的选择具有重要影响，体育教师要选择哪一种教学方法，应关注这些客观教学环境因素的影响，充分考虑如果选择和实施某一种教学方法，有没有实施这种教学方法的必要的客观环境和条件的支持。

三、大学体育教学方法的优化创新

（一）教学方法的优化策略

随着现代体育的不断发展，新的体育教学方法不断被提出并应用到体育教学中去，体育教学方法体系内容不断得到丰富，教师在体育教学方法优化创新应用方面的意识越来越强，但也不乏会出现为了创新而创新的现象，这种现象违背了体育教学的客观规律，忽视了体育教学中的大学生、教师、教学条件等客观实际，是一种不科学的创新。

科学的体育教学方法优化创新，应注重对教学方法和教学现实的深入分析，充分了解不同教学方法的优点，针对具体教学内容、教学对象特点，教师应善于甄选出最佳的教学方法。对教学方法的合理运用是科学组织与实施体育教学的重要前提，也是体育教学方法优化创新的前提。

体育教学方法的科学化优化操作，具体要求如下。

（1）在实际的体育教学方法优化创新过程中，必须重视教学方法优化策略中的系统性和操作性。

（2）严谨的系统性能使教师更好地整体把握教学内容，更强的操作性则能够帮助教师更加方便地执行教学方法。

（3）将教学方法优化应用于具体教学实践，体育教师应通过收集、整理、分析学生学习信息，跟踪了解对教学方法产生的效果，并对教学方法作出优化调整。

（二）教学方法的组合创新

教学方法的组合创新是现代体育教学方法优化组合的必然趋势和要求，具体是指以合作学习法为基础来进行教学方法的优化创新。从本质上讲，教学方法的组合也是对原有教学方法的一种优化措施。

随着社会的飞速发展，体育教学方法不断创新，传统教学方法不断完善、新的体育教学方法不断出现，大学体育教学中，体育教师应对教学方法当中的各优势要素进行组合创新运用，以最大限度地发挥不同体育教学方法对体育教学的促进作用。

第三章　大学体育教学内容的创新

体育教学内容有着悠久的发展历史，并且随着时代的不断发展和进步，体育教学内容也发生了一定的改变。因此，要充分了解和认识体育教学内容，并且在此基础上对其发展进行深入分析，同时，还要与普通大学体育教学的实际情况有机结合起来，有针对性和目的性地进行改革，进而促进普通大学体育教学内容的优化，为理想教学效果的取得奠定良好的基础。

第一节　体育教学内容基本理论

一、体育教学内容的概念

以达到体育教学目标为目的而进行的体育知识和技能体系等方面的选择和运用，就是所谓的体育教学内容。

在体育教学中，教学内容的选择是教育者以教育的一系列要求为主要依据，通过对前人体育和教育实践经验进行综合的总结，按照教育原则，从丰富的体育技能理论当中精挑细选出来的。教学内容在教师与大学生中间扮演着中介和媒体的角色，这就对教师和大学生之间的信息交流起到重要的决定性作用。

从某种程度上说，体育教学内容对体育教学的效果和质量起到重要的决定性作用。

二、体育教学内容的特点

体育教学内容有着较为显著的特点，具体来说主要表现在以下几个方面。

（一）健身性

体育的一个重要功能就是增强体能、增进健康。体育教学内容学习的实质就是大学生体育知识、身体练习和技能的学习。体育教学的主要目的，就是通过对身体练习的运动负荷量以及强度进行合理的安排，通过一定的手段加以调控，从而使大学生的体质得到增强，变得更加健康。体育教学内容对于大学生增强体质、增进健康的作用，是其他所有教学内容所不具备的。

（二）娱乐性

体育项目发展到现在越来越多，而这些项目最早大都起源于各种游戏，然后经过长期的演变和发展而来。在体育教学中，各项教学内容也是如此，大都来自体育运动项目，由此可以认定这种体育教学的内容必定带有一定的乐趣性和娱乐性。在体育教学过程中，这种运动娱乐性主要体现在克服困难、协同作战、争夺胜利、表现欲望等心理过程中，体现大学生对新的运动的体验和对学习进步的成就感，体现在运动的环境、场地、比赛规则、比赛形式等变化和加工方面。当大学生学习某项运动技术时，就会存有对这种运动本身乐趣性的追求动机，因此说体育教学内容本来就有一定的娱乐性特征。

（三）运动实践性

体育教学内容的实质是身体运动的一种实践，这是区别于其他教学内容的地方。体育教学内容可以说“是以有关身体运动的学习和身体运动的技能形成为主要培养目标的内容；是以运动为媒介，以大肌肉群的活动状态进行教育的内容”。体育教学内容的学习并不单单是大学生大脑思维的活动，大学生不光要对内容进行理解，并且要在实际上进行运动学习以及身体练习。大学生在参加体育学习的过程中，要通过运动中的肌肉本体感觉的形成与动作的记忆，来判断自己是否真正掌握了教学内容，因此在体育教学内容中，大学生的学习是要将思维和行为联系起来的。所以体育教学内容的学习尤为强调练和做等实践行为，因而呈现出运动实践性的特征。

（四）教育性

对大学生进行教育的载体就来自体育教学的内容，所以在选择体育教学内容时，首先想到的就应该是它的教育性。

一般来说，体育教学内容的教育性主要体现在这五个方面：第一，对于大多数大学生是较为适用的。第二，有益于大学生的身心发展。第三，既有冒险性又比较安全。第四，摒弃落后性，发展创新性。第五，避免过于功利性。

（五）非逻辑性

相较于其他学科教学内容来说，体育教学内容的不同之处主要体现在，体育教学内容往往不存在一般学科教学内容之间清晰的由易到难、由简到繁的阶梯性结构；在逻辑结构上，没有明显从基础到高级的体系；体育教学内容的排列并不是直线递进式的，而是复合螺旋式的。体育教学内容的组成是众多的相互平行的、可以替代的运动项目以及身体练习，其中有着丰富的体育与健康的理论知识。这种特性使得体育教学内容在选择时的灵活性更强。

（六）人际交往的开放性

体育教学内容有很多，但大多数内容的主要形式都是集体性活动，这种集体性教学活动与其他教学不同，往往是进行时空的变换。因此，通过在体育教学中对运动的学习、练习和比赛，大学生之间有着非常频繁的交往和交流，与其他学科的教学内容相比，体育教学内容在人际交往方面无疑具有更明显的开放性。体育教学内容正是由于有人际交流的开放性特点，教师与大学生之间、大学生与大学生之间的关系才能够更加密切而开放。在这样的情况下，通过体育教学内容的学习能够帮助大学生有效地提高社会适应能力。

三、体育教学内容的层次

通常情况下，可以将体育教学内容分为两个层次，即宏观层面和微观层面，具体如下。

(一)宏观层面

从宏观层面来看,体育教学内容主要包含上位层次(国家课程和教学内容)、中位层次(地方课程和教学内容)和下位层次(学校课程和教学内容)三个层次。

1. 上位层次

在体育教学中,上位层次的教学内容主要是由国家教育行政部门规定的各种教学内容,国家对教学方法进行的行政规划和管理,体现着国家的意志,各个学校都必须以之为依据开展教学活动。

在体育教学内容的开发上,一般具有专门性,目的是使未来公民接受基础教育之后达到一个共同体育素质。在对体育课程标准或教学大纲的制定以及教学内容的编写上,要根据不同教育阶段的性质与培养目标进行。一般来说,国家教育部门制定的课程和教学内容,要比地方体育课程丰富得多。因此,国家体育课程和教学内容在体育教学中起着主体性作用。

2. 中位层次

地方课程和教学内容是学校体育教学内容的中位层次。这一层次的教学内容是在国家规定的各个教育阶段的体育课程内进行开发的。这一层次教学内容的开发必须结合当地的具体实际进行,其开发者大多为省一级的教育行政部门或授权的教育部门。地方体育教学课程和教学内容能够更好地适应当地体育发展的需要,适应当地体育发展的现状。其能够更加高效地利用当地体育和教育资源,因此其具有重要的价值。

3. 下位层次

学校体育教学内容的下位层次是学校课程和教学内容。这一层次的课程和教学内容具有多样性和选择性的特点,其中主体是学校的教师,以国家课程和教学内容、地方课程与教学内容为前提进行具体实施,并科学评估本校大学生的特点和需求,对当地社区和学校的体育教育资源进行充分利用,以学校的办学思想为依据。在体育教学中,体育课程资源的开发要以国家教育方针、国家或地方体育课程和教学内容等为依据,教学内容的设计要体现出独特性和差异性,要满足每名大学生的体育需求。

上位层次、中位层次和下位层次三方面的体育教学内容共同构成了我国的基础体育教学的内容体系,它需要国家教育部门、地方教育部门以及学校三者的协调努力,这样才能够促进体育教学内容的科学化发展。

(二)微观层面

课程是以教学内容为载体而实现的,以教学内容论的观点为主要依据,教学内容包含着多层意义。以教学内容的具体化的程度为依据,可以将体育教学内容的微观层次分为以下几个方面。

1. 第一层次

微观层面的第一层次即体育课程标准所示的学习内容,以体育与健康课程标准规定为例,运动参与、运动技能、身体健康、心理健康、社会适应五个学习领域即从这一层次进行的分析。这种分析实际上是活动领域的一种表述,并非常规意义上的体育教学内容。

2. 第二层次

第二层次是第一层的具体化形式。从某种角度说这是能力目标分析，而不是通常意义上的体育教学内容，如体育与健康课程标准明确的水平目标：获得运动的基础知识，说出所做简单运动动作的术语（转头、侧平举、体侧屈、踢腿等）。

3. 第三层次

这一层次指的是教学中需要具体运用到的硬件与软件等物质设施，也就是说，属于普遍意义上的教学内容教具，比如篮球、足球、体操、武术等运动项目，以及与这些项目相关的场地器材。这一层面是常规意义上所说的体育教学内容。

4. 第四层次

这一层次是具体的练习方法手段，即某项教学内容（如篮球）的下位教学内容。如练习教学内容（篮球运动的各种练习方法）、游戏教学内容（与篮球运动关系密切的游戏）等。

四、体育教学内容的分类

体育运动项目有很多，其内容也异常丰富，因此在将这些内容进行分类时，采用何种逻辑分类就成为一个重要的课题。合理地对体育教学内容进行分类，能够使教师和大学生更加深刻地认识体育教学内容，从而使他们更好地参与到学习之中。

（一）以体育教学目标为依据进行划分

依据教学目标进行分类，可以分为掌握体育运动技能的练习、掌握科学锻炼方法的练习、提高安全意识与能力的练习、发展体能的练习、发展大学生心理素质的练习、提高大学生社会交往能力的练习、提高基本活动能力的练习等。这种分类也是体育教学中一种比较常见的教学内容分类方法。

这种分类方法能够使根据多种目的的身体练习进行人为的规定得以实现，能够使教学内容具有一定的目的性，对于打破陈旧的、以竞赛为目的的教学内容编排体系也非常有利，从而保证大学生能够学到比较多的体育教学内容。

（二）以体育的功能为依据进行划分

此分类方法是根据我国体育课程相关的文件，以三维健康观、体育的本质特征、体育与健康课程等五个领域的目标为依据对体育课程的内容体系进行重新构建，体育教学内容被划分为包括运动参与、运动技能、身体健康、心理健康以及社会适应五个方面。

（三）以人体基本活动能力为依据进行划分

依据活动能力进行分类，也就是按照人的走、跑、跳、攀登、负重等进行分类，进而重新分类组合各种各样的运动项目和身体练习的方法。这是在体育教学实践中比较常见的一种分类方式。

这种分类方法比较灵活，不会受到正规的体育运动项目条框的限制。这种方法在有利于组合教学内容的基础上来对大学生的各种身体动作和发展基本活动能力进行发展，所以这种分类模式对于低年级的大学生比较适合。但这种分类在学习掌握体育运动技能、发展体能等方面的局限性比较强，对于高年级大学生来说，其要求往往无法满足，容易使高年级大学生缺乏体育运动的动机。

（四）以身体素质为依据进行划分

发展大学生身体素质是体育教学的目标之一。依据身体素质进行分类，是一种按照力量、速度、柔韧、灵敏、耐力，或者是按照与动作技能相关的体能，力量、速度、灵敏、平衡、协调、反应时间，或者是按照与健康相关的体能，身体成分、肌肉力量、心肺耐力、肌肉耐力、柔韧性等进行分类，进而对各种各样的运动项目和身体练习进行重新分类组合。

这种分类方法具有较强的针对性，对于大学生正确认识各种体育运动项目与身体练习以及对体能的发展相当有利，同时还能够有目的、有针对性地发展大学生的体能。但此分类方法也有一定的弊端，那就是在体育运动项目当中，许多项目并不是以提高某一方面身体素质为前提的，因此对待这类项目时这种分类方法显得比较模糊，而且这种分类方法使大学生在对体育教学内容的文化特性的认识上容易陷入误区，造成大学生对体育运动文化方面的认识不足。

（五）以运动项目为依据进行划分

这是按照各个运动项目的名称和内容而进行具体的系统分类，大致可以分为球类、体操、田径、武术、体育舞蹈、冰雪运动、水上运动等，对各式各样的运动项目以及特点加以详细的划分。这是体育教学中最常见的教学内容分类方法。

这种分类方法在各个方面都更加容易理解，对于大学生了解和掌握体育运动文化具有非常大的帮助。但是这种分类方法将导致在教育上可能有突出作用，但并没有被列入正规体育比赛项目当中的一些运动项目被忽略，而且即使在正式比赛的项目当中，也可能由于规则、技能等方面具有相当高的水平，与学校体育教育并不相符，所以如果将其纳入体育教育内容当中必须进行一定程度上的改造，但经过改造后，这类教学内容往往会与本来的运动项目出现非常大的差异，在内容上更加难以判别，会对大学生在运动项目的理解和掌握上造成非常大的影响。

（六）综合交叉分类

综合交叉分类是一种将基本部分与选用部分、理论与实践教学内容、各项运动的基本教学内容与提高身体素质练习教学内容等相互交叉的综合分类方法。

这种分类方法能够准确地将不同大学生的不同年龄阶段身心发展特点和对大学生学习的基本要求反映出来，对达成体育教学的目标有非常突出的作用，在有助于保持运动项目的固有特点和系统性的基础上，同时增强大学生进行身体锻炼的实效性，从而在体育教学内容的运用中使运动项目的技术和大学生身体素质的练习同时发展，相互配合。但需要注意的是，这种分类方法无法用同一标准进行衡量，在某种程度上会导致一定的混乱。

从上述内容中可以得知，对体育教学内容的分类方法是多种多样的。体育教学内容的分类可以分成不同的层次，在不同的层次可运用不同的分类方法，但是在同一层次上则必须采用同一个分类标准进行分类。

第二节　体育教学内容的编排与选择

一、体育教学内容的编排

(一)体育教学内容的编排方式

体育教学内容的编排当中,存在循环周期的现象。这里所说的循环,是指在同一教学内容当中,不同的学段、学年等范围当中进行的反复的重复安排。这种循环的周期有的是课,有的是单元,有的是学期,有的是学年,甚至有的循环是在某一个学段当中。以跑步为例,一节体育课上要进行100米跑,下一次课当中仍要进行100米跑,这就是以课为周期的循环。在一个学期内安排100米跑,在下一个学期内的课程上仍安排100米跑,这就是以单元和学期为周期的循环。因此根据以上理论,我国体育教学学者以不同的内容性质为主要依据而对体育教学的内容的编排进行层面的划分。具体来说,可以划分为以下四个层面,每个层面都有其各自的编排方式。

第一层面,"精学类"教学内容——充实螺旋式。

第二层面,"粗学类"教学内容——充实直线式。

第三层面,"介绍类"教学内容——单薄直线式。

第四层面,"锻炼类"教学内容——单薄螺旋式。

由此可以看出,体育教学内容的编排方式主要有两种:一种是螺旋式;另一种是直线式。体育教学内容的螺旋式意味着,当某项运动项目的教学内容的有关方面在不同年级重复出现时,逐步提高教学要求的一种排列方法。与螺旋式教学内容的排列方式不同,直线式教学内容的排列意味着,学习了某一体育运动项目和身体练习的相同内容,基本上不再重复出现。

以上编排方式很好地满足了新课程标准中对体育教学内容的要求,并以体育教学内容当中的自身理论为主要依据,与当前体育教学内容当中的各种情况的现状有机结合起来,创新地将各个方面的内容合理编排在体育教学中。所以在未来很长一段时间内,这种编排方式的实用性都是非常强的。

(二)体育教学内容编排的注意事项

在进行体育教学内容编排时,需要对以下几个方面的事项进行充分的考虑。

1.要对大学生的基础与实际需要进行充分考虑

体育教学的对象是大学生,因此,为了使得体育教学的内容更好地符合大学生的实际需求,促进体育教学质量的不断提高,应使得体育教学的内容与大学生的实际情况和实际需求相适应。在进行体育教学时,教师不应仅仅片面地考虑体育运动和身体练习本身的难易程度,还应依据大学生的实际需要、大学生的体能和运动技能基础以及其生产发展的阶段特征等方面来进行体育课程内容的安排。

2.要对不同的体育运动和身体练习的特征加以重视

在对体育教学的内容进行编排时，应注重各种运动技能的学习、改进、巩固、提高和运用。教师在课程安排时，并不仅仅为了让大学生懂得相应的知识，更应该注重相应的知识的运用。

二、体育教学内容的选择

（一）体育教学内容选择的依据

在选择体育教学内容时，应该按照相关的依据进行有针对性的选择，具体来说，选择体育教学内容的依据主要有以下几个方面。

1.按照体育课程目标进行选择

体育课程内容在实现体育课程目标的过程中存在的方式是手段，而不是目的。体育课程目标存在多元性的特征，体育运动项目和身体练习也具备可替代性的特征，这就使体育教学内容的选择变得更加多样性。

体育课程的目标之所以能够成为教学内容选择的重要依据，主要是由于体育课程目标在体育课程编制的过程中，在每一个阶段内都作为教学内容的先导和方向，所以它经过了多方专家的合理思考验证，对各个方面的影响都进行了认真合理的验证。因此，进行体育教学内容选择时，目标是必须遵循的，相应的体育课程目标对应着相应的体育课程内容。

2.按照大学生的需要及身心发展规律进行选择

在选择体育教学内容时，大学生的需要是必须考虑的。体育教学以促进大学生身心发展为目的，所以对体育教学内容进行选择的一个必要因素就是大学生对于体育的需要和兴趣，这对于有效的学习是非常重要的。学习需要大学生的主动参与，而主动参与就是说，大学生自身积极和努力是必不可少的。通常大学生如果面对感兴趣的事情，那么其参与的动力就会大大增加，学习的效率也将倍增。这非常符合一些教育学者所提出的观点。如果学习是被迫的而不是大学生出于兴趣而进行的，那么学习从某种意义上来讲可以说是无效的。调查结果也非常符合这一说法，那就是如今大学生虽然非常喜欢参与课外体育课程，但对于体育课却兴味索然，最重要的因素就是教学内容缺乏趣味性。

大学生对教学内容的接受程度取决于其身心发展规律以及特点，因此从这个角度来说，体育教学内容必须使大学生可以接受，并且感兴趣。所以进行体育教学内容的选择时，大学生的特点就决定着教学内容当中的各项要素，绝对不能忽略大学生的实际情况。

3.按照社会发展的需要进行选择

大学生的个体发展无法脱离社会的发展。因此，体育教学能够在健康方面为大学生打下良好的基础，所以在进行体育教学的内容选择时，除了考虑大学生本身的需求，社会现实发展的需求也必须被考虑进去。体育内容在选择方面不能够忽视大学生走向社会后发展所必需的体育素质，所以体育教学内容必须能够满足大学生在社会发展当中各方面的需要。除此之外，体育教学内容必须做到与社会生活和大学生生活联系在一起，这样才能让大学生体会到它的作用，其功能才能得以实现，因此，体育教学内容的选择与社会实际相符是非常重要的。

4.按照体育教学素材的特性进行选择

在体育教学内容的选择上，最重要的要素就是体育教学素材，体育素材有着较为显著的特性，具体来说，主要包括以下几个方面。

(1)内在逻辑关系性不强

没有非常强的内在逻辑关系性是体育教学素材的最大特性，这种特性使得体育教学内容的选择无法完全按照难易程度和大学生素质来进行。因此体育教学内容往往只是以运动项目来进行划分，但各个教材内容之间的关系是平行和并列的，比如篮球和足球、体操和武术。表面上看似有联系，但这种联系并非能够分得非常清晰，而且并没有先后顺序，我们也无法判断其中一个运动项目究竟是不是另一个运动项目的基础。所以在这里是无法确定教学内容内部的规定性和顺序性的。

(2)具有“一项多能”和“多项一能”的特点

所谓“一项多能”，就是指通过一个运动项目，能够达到非常多的体育目的，这就是说，在这个项目中有着目标多指向性的特点。以健美操为例，有人利用这个项目来锻炼身体，有人用这个项目进行娱乐，同时这个项目还有表演的作用。在很多情况下，进行健美操运动往往能实现多个功能，这就是说，大学生掌握了一项运动之后，就能够实现多种目的。“多项一能”则突出了体育教学内容之间具备相互的可替代性。比如像从事投掷练习，扔沙袋可以实现，投小垒球也能够实现，推实心球也可以实现，推铅球也算是能够实现。想通过体育运动得到娱乐放松，可以踢足球，可以打排球，同样打篮球、打网球也可以实现。这就是说，想达到目的并非只有一个项目可以实现，不同的项目同样能够做到。正是由于这个特性的存在，使得在体育教学内容中没有无可或缺的项目，使得体育教学内容并不具备强烈的规定性。

(3)数量庞大

庞大的数量使得其内容相当庞杂，并且在归类上存在一定的难度。人类文明自诞生以来，创造出的体育运动项目数不胜数、丰富多彩，并且每一个运动的技能对于练习者的身体素质都有着各种各样的要求。鉴于这个原因，没有哪个体育教师能够精通全部的体育项目，因此体育教师的培养才要求一专多能，体育课程的设计者也很难寻找到最合理的运动组合运用到体育教学内容当中，也几乎不可能编写出适合所有地区和教学条件的教材。

(4)不同项目乐趣的关注点不同

以篮球和足球为例，其乐趣就是在激烈的直接对抗中，通过娴熟的技术和精妙的战术配合而得分。再如，在隔网类运动当中，其乐趣则是双方队员在各自的场地中通过巧妙的配合，而将球击到对方场地而得分。因此，体育运动都有各自乐趣的特性使得体育教学在内容的选择上，乐趣是无法忽略的内容，这同时是快乐体育理论存在的事实依据，并且这一理论在体育改革进程中产生关键影响。

(二)体育教学内容选择的原则

选择科学合理的体育教学内容，不仅要有一定的依据，还要遵循一定的原则，具体来说，选择体育教学内容应遵循的原则主要有以下几个方面。

1. 科学性原则

进行教学内容的选择时，首先要遵循的原则就是科学性原则，具体来说，可以从以下几个方面来对体育教学内容选择当中的科学性进行深入的理解。

第一，教学内容的选择必须对大学生身心的协调共同发展有利。要注意，一些内容虽然有利于大学生身体健康，但对于大学生的心理健康并不合适，反之，同样可能出现这种状况。因此，教学内容的选择必须使大学生开心的同时对身体的发展起到积极的促进作用。

第二，教学内容同时也要使得大学生能够从根本上对科学锻炼的原理和方法有一个深入的了解，这种了解能够使大学生从事体育锻炼时的自觉性和积极性得到进一步提高。

2. 趣味性原则

兴趣是最好的老师，因此在进行体育教学内容的选择时，根据大学生的各方面特征尽量选择他们感兴趣的、有趣味的，并且在社会上比较流行的体育素材作为教学内容。毫无疑问，大多数竞技运动项目的健身价值和教育价值是不可低估的，但是，长期以来，体育教育工作者往往更加关注竞技运动项目教学的系统性和完整性，用培养运动员的方法进行体育教学，导致很多大学生对体育课产生抵触的心理。

3. 教育性原则

在选择体育教学内容时，首先应从教育的基本观点对体育教学素材进行选择，对其是否与教育的原则相符，与社会的固有价值观是否同步进行分析。其次，要对它是否有利于大学生的身心发展和身体锻炼进行明确的分析。

在选择体育课程内容时，要求必须与体育课程的主要目标相匹配，确立“健康第一”的指导思想，并以此作为体育教学内容当中最基本的出发点，同时注重其中的文化内涵，在大学生学习体育技能的同时更能深刻体会到体育文化修养带来的益处。学校体育在培养大学生时应首先考虑对大学生的品德、智力、体质等方面的全面发展是否有利，将理论与实际结合起来，在使大学生了解人体科学知识的同时真正锻炼身体，还要从思想文化等方面下功夫，使其在多方面同时发展。进行体育教学内容的选择时，要充分考虑到不同阶段大学生的发展特点和规律，其个体差异与不同需求将会在其中起到很大的作用，所以充分考虑能够确保每一位大学生受益。进行体育教学内容的选择时，还要与各个方面的实际相符，从而确保选择时有足够的空间和灵活性。

4. 实效性原则

简单来说，所谓的实效性，就是判断某项体育教学素材是否实用，是否简便易行，是否有助于大学生的身心健康。国家相关文件在教学内容的改革方面特别强调要对教学内容当中的“难、繁、偏、旧”以及教学过程过度地偏重书本知识的现状予以改变，在教学内容当中，加强大学生生活和现代社会和科技发展当中的联系，加大对大学生学习兴趣的关注，教学内容中的知识和技能要有利于大学生终身体育的进行。所以在进行体育教学内容的选择时，一定要兼顾选择与大学生自身的体育学习兴趣和经验相接近的以及大众喜欢的、社会上比较普及的,同时强调运动项目的健身娱乐效果,为大学生终身体育的发展奠定良好的基础。

5.民族性与世界性相结合的原则

在选择体育教学内容时,要保留我国民族传统体育当中的精华部分的同时,借鉴吸收国外好的课程内容。体育教学内容的选择就应该与时俱进,体现当今时代中国的特色。

(三)体育教学内容选择的过程

选择体育教学内容,不仅要有一定的依据、遵循一定的原则,还要按照一定的程序进行。具体来说,可以将体育教学内容选择的过程大致分为以下几个方面。

1.对体育素材的价值进行分析评估

选择体育教学内容前,要从社会的生产生活、科技教育等发展的实际出发,考虑社会的发展对人的影响与要求,并以此为基点对现有的体育素材进行分析与评价,要对所选内容能否促进大学生的身体健康,能否督促大学生主动进行体育锻炼,能否提高大学生的思想品质进行充分的分析论证,选用合适的教材内容实施教学。

2.对运动项目与练习进行充分的整合

在体育教学中,不同的体育运动项目和身体锻炼形式会对大学生的身心产生不一样的作用和影响。因此在选择体育教学内容时,要以本学校的体育教学目标为根本前提,在此基础上认真分析各个体育运动项目对大学生身体功能的不同方面发展是如何促进的,然后将各个体育运动项目与身体练习进行整理与合并,并对其进行合理加工使之成为体育教学内容。

3.选择的体育运动项目要有效

由于大多数体育运动项目都可以成为学校体育教学内容的基本素材,而且体育运动项目与身体练习所具有的多功能性与多指向性特点决定了它们具有很明显的可替代性。因此,学校体育教学内容在运动项目方面可选择性较强。但是由于体育教学时间有限,不可能完成全部体育运动项目和身体练习的教学,因此,体育教师要以社会的需求与条件为依据,充分考虑不同阶段大学生的身心特点与兴趣爱好,选出典型、常见的体育运动项目和身体练习作为学校体育教学的内容。

4.对所选内容进行可行性分析

选好体育教学内容后,要对该体育教学内容的可行性进行分析,分析本地区地域、气候和本校的场地、器材等条件的制约与影响,充分考虑教学计划在这些特殊环境中的可行性,并保证各地、各校执行的弹性,为教师实施体育教学内容留下足够的余地。

第三节　体育教材化的意义

一、体育教材化的概念

体育教材化是依据体育教学目的和大学生发展的需要,针对体育教学条件将体育的素材加工成体育教学内容的过程。

具体可以从以下几个方面入手，来对体育教材化的概念作进一步理解和认识。

第一，体育教材化是将体育的素材加工成体育教学内容的过程。

第二，体育教材化是加工过程，而这个加工过程的成果就是体育教学内容。

第三，体育教学的目标、条件和大学生发展需要都是这个过程的主要依据。

第四，教材化的内容主要涉及教学内容的选择、加工、编排和媒介化等方面。

二、体育教材化的意义

体育教材化有着非常重要的意义和作用，具体来说，主要从以下几个方面得到体现。

第一，体育教材化能够将最符合体育教学目标和大学生发展需要的那一部分内容选出来作为教学内容，从而使内容的庞杂和在选择上的无目的性的现象得到有效避免。

第二，体育教材化通过加工，能够使体育的素材与体育教学的需要更加相符，从而使体育素材与体育教学内容之间的差异性得到有效的消除。

第三，体育教材化可以通过编排、配伍的工作，来进一步提高选出的但还杂乱的体育教学内容的系统性和整体性，从而将体育教学内容的教育作用更好地发挥出来。

第四，体育教材化可以通过物质化的工作，使编辑加工后的但还抽象的体育教学内容走近校园，使体育教学内容成为体育教学的生动的载体。

三、体育教材化的基本层次

通常情况下，可以将体育教材化大致分为两个基本层次，具体如下。

（一）编制体育课程标准和编写教科书

通常情况下，国家和地方教育行政部门组织专家会负责这项的工作。具体来说，这项工作主要包括从各种身体活动的练习中筛选出素材，进行教材的分类、加工、排列等。

（二）以课程标准和教科书为依据将教材变成大学生的“学习内容”

一般地，由学校的体育教研组或体育教师会对这项工作负责。具体来说，这项工作内容主要包括：以体育课程标准和教科书的要求和规定为主要依据，与所面对的大学生的具体情况和教学条件的实际有机结合起来，编写成适合大学生的教材。

四、体育教材化的工作内容

体育教材化的工作内容主要有四个方面，即体育教学内容的选择、体育教学内容的编辑、体育教学内容的改造与加工、体育教学内容的媒介化。这里主要对体育教学内容的改造与加工、体育教学内容的媒介化两个方面的工作内容进行分析。

（一）体育教学内容的改造与加工

选择出来的体育教学内容的素材，必须经过一定的加工和改造，才能够进入体育教学实践中加以应用。

在当前的教学实践中，许多体育教材化的有效方法和成功的范例出现并取得了一定的成效，这里重点对比较具有代表性的几种教材化的方法进行分析和阐述。

1. 简化的教材化方法

简化的教材化方法是指，将各种高水平、正规的竞技运动项目在各方面进行简化，从而使其能够更好地适应体育教学活动的开展。这种方法是现代体育教学中对教学内容进行教材化最为常用的一种方法。通过采用这种方法，能够使得教学内容与学校的条件、大学生的能力与需求、教学的目标以及教师的教学能力等各方面相适应，更容易进行教学操作。

2. 文化的教材化方法

这种教材化方法是通过将竞技运动中的文化要素提取出来并加以强化，进而在教学中让大学生通过各种文化性的要素来对运动文化的情调和氛围进行充分的体验。一般来说，这种教材化的方法适宜作为技能的辅助教学内容，对于大学生体验和理解体育文化性质是较为有利的，这种教材化方法对于高中和大学的学生是较为适用的。

3. 理性化的教材化方法

理性化的教材化方法主要通过对各种运动项目所包含的各种运动原理和知识等方面进行充分的挖掘，并将其组织安排在教学过程中的一种教材化方法。这种教材化的方法适用于高年级的大学生，能够使其更好地理解和掌握各种知识和原理，并能够在以后的学习中实现“举一反三”。

4. 变形化的教材化方法

这种教材化方法从基本结构方面改造原运动，使其成为一种新的运动。适应教学的需要和大学生的特点是这种教材化方法的主要目的。当前，“新体育运动项目”就是这一类运动，这种教材化在处理那些高难度的运动项目或受场地器材制约很大的运动时往往能够取得理想的效果。

5. 生活化、实用化的教材化方法

实用化、生活化的教材化方法是多种小的教学方法的结合，还包括野外化、冒险运动化等方法。所谓实用化，就是使得教学内容与实用技能相结合；而生活化则是教学内容与日常生活相结合；野外化则是将正规的场地变为野外的非正规场地，或将各种场地运动转变为各种野外运动；冒险运动化就是增加一定的惊险性，激发大学生的学习兴趣。这些方法能够与现实生活与其各种需求相结合，并使得教学内容的趣味性增加，从而能够更好地调动大学生学习的积极性。

6. 动作教育的教材化方法

动作教育是一种体育教育思想和体育教材方法论。动作教育的教材化方法有着较为显著的特点，主要表现为将一些竞技体育运动以人体的运动原理为依据，将运动进行归类，并且提出要针对少年的教材设计，其中，比较典型的有教育性舞蹈、教育性体操。

7. 游戏化的教材化方法

通过一定的“情节”将各种单调的教学内容进行丰富和拓展，使其附有一定的游戏化成分，使得各种教学内容能够在轻松愉悦的氛围中被大学生接受。这种方式能够改变教学内容单一、枯燥的特点，增强学习的效果。

8.运动处方式的教材化方法

以锻炼的原理为主要依据，对运动的强度、重复次数、速率等因素进行组合排列，并且结合大学生不同的锻炼身体需要，组成处方进行锻炼和教学的教材化方法，这就是所谓的运动处方式教材化方法。这种教材化方法对于教会大学生运用运动处方锻炼身体是较为有利的，是一种不可缺少的教材化思想和方法。

（二）体育教学内容媒介化工作

将体育教学内容媒介化是体育教材化的最后一个工作。将选出、编集、加工和改造后的体育教学内容变成在某种媒体上的教材形式，就是所谓的体育教学内容的媒介化。

体育教学内容媒介化动作的形式有很多种，其中较为主要的有教科书（包括大学生用体育教材和体育教学指导用书）、音像教材、挂图、多媒体课件、黑板板书、学习卡片等。这里重点对多媒体课件和学习卡片进行分析和阐述。

1.多媒体课件

教师以体育教学的需要为主要依据，用体育教学内容编辑成的计算机演示的系列材料，就是所谓的多媒体课件。当前，多媒体课件是体育教师常用的工具，究其原因，主要是由于计算机课件依靠计算机来演示动作，在速度调整、观看细节、多次重复演放以及视觉听觉的艺术效果等方面都具有教师的讲解、示范所无法达到的教学效果。

2.体育学习卡片

体育学习卡片是体育教材的另一种载体形式。大学生在体育课中使用的一种辅助性学习材料，就是所谓的体育学习卡片。这种形式比较适合体育教学特点。

体育学习卡片的作用和运用目的不同，其运用形式也会有所不同，其中较为主要的有以下几种。

（1）在体育教学中向大学生提供学习信息

以教学的内容为主要依据，教师要将动作的图示、有关的要领、技术的重点、难点和辅助练习的做法等一些必要的信息补充给大学生。通过这些辅助材料，来为大学生准确地掌握动作的形象、概念和技术特点提供一定的帮助。除此之外，通过对一些技术难点的标示，还能够让大学生在某些重要的技术环节的注意力得到有效的提升。

（2）在体育教学中对大学生思索问题起到积极的促进作用

可以把合力、力矩、向心力、离心力、抛物线等一些概念性的问题通过公式、范例等形式展示给大学生。通常来说，这些问题在体育教科书上是没有的，如果采用语言教学法，往往会出现词不达意的现象，这时候运用体育学习卡片就能够方便大学生理解。

（3）在体育教学中对大学生的互相交流有所帮助

在体育教学中，教师会要求大学生在学习卡片上将自己在学习中的问题和进步以及对本班或本小组同学的情况分析写在卡片上的表格中，这样，不仅能够对同学技术动作观察能力的提高起到积极的促进作用,还有助于同学之间的情感交流,因此,对于同学的团队意识和负责任的态度的培养与建立较为有利。

(4)对大学生自我评价有所帮助

在体育教学过程中,教师会要求大学生将当时的学习感受、体会写在卡片上,这样,就能使大学生在课后也能通过卡片来对自己课上学习情况进行总结,并且做出较为客观的评价,将上节课和下节课有机地联系起来,增加了单元教学过程的完整性。

(5)有助于师生进行交流

对教师上课情况的看法和建议以及存在的问题、疑问、发现,也写在学习卡片上,这样做能够使教师对教学情况有一个充分的了解,以此为依据,教师可以适当调整教学形式或者方法,从而使教学效果得到有效的提高,同时,师生之间的感情也会得到进一步增进。

(6)对大学生在课中进行自学有所助益

自学是体育学习的重要环节,学习卡片还可以作为大学生自学的重要工具,使教科书的不足之处得到有效的弥补。

第四节　大学体育教学内容的发展

一、大学体育教学的发展

(一)大学体育教学内容的发展现状

从当前的形势来看,我国大学体育教学内容的发展现状主要从以下几个方面得到体现。

第一,从当前的形势来看,体育教学内容的数量正在不断精简,而难度在不断增加,体育运动的技术含量越来越高,这就要求有专门训练的高素质的体育教师来传授。

第二,体育教学内容中的娱乐因素逐渐减少,相较于此,大学生在体育课中的实际练习和“炼”的因素则有一定程度的增加。

第三,发展至今,竞技体育的发展速度非常快,竞技体育事业成为各个国家和地区发展体育的重点,相比之下,正规化的、科学化的竞技体育运动,尤其是学校竞技体育运动正逐渐取代以往传统的体育教学内容,成为新型的体育教学内容。

第四,体育教学内容所需要的运动器材越发正规。由此可以看出,高校对大学生开展体育课的安全问题的重视程度越来越高。

(二)大学体育教学内容的发展趋势

大学体育教学内容的发展趋势可以大致归纳为以下几个方面。

1.对终身体育目标的要求进行充分考量

高校大学生终身体育观念的建立和形成,大学体育在其中起着至关重要的作用。终身体育目标的达成取决于大学生参加体育所需的技能、知识和态度。所以教学内容应当更加注重健身性、运动文化传递性与娱乐性,在健身价值和终身运动性强的运动项目中间做出选择。

2. 更加注重体育运动的规律性

以往在选择体育教学内容时总是根据各个体育项目中的逻辑关系进行选择，但体育教学内容的逻辑性几乎不存在，所以这种方法是不科学、不合理的。因此，在未来选择体育教学内容时，要注重寻找体育学科当中内在的一些规律，体育课程中的内容挑选往往都是大学生喜欢的、富有时代性的，并且还可根据年龄和学段的不同，在教学内容上加以区分。

3. 大学生价值主体受到的重视程度越来越高

受各方面因素的制约和影响，体育教学内容的选择并不是一蹴而就的，需要综合各个方面的因素进行考虑。在过去的体育教学大纲中，体育教学内容的选择与确定往往更重视教育工作者对于教学内容的价值取向，因此重视的仅仅是教师的教。而随着体育教学改革的进行，越来越多人开始重视体育教学内容的价值取向，所以根据大学生的学而进行体育教学内容的选择的方式更加普遍。

4. 更加注重教学主体发展的全面性

在传统体育教学理念和模式下，以往的体育课程大都是以提高大学生跑、跳、投等身体素质为目的的一种体能达标课。新的教学改革大纲出台之后，学校教育往往更加强调素质教育，因此学校对于大学生素质的全面发展肩负着无比重大的责任。因此在选择与确定体育教学内容时，同样要符合素质教育的要求，使大学生在身心方面都能获得全面的发展。

5. 不断引进民族特色项目

通常情况下，富有趣味性和新奇性的运动项目总会受到广大学生的青睐，因此在选择与确定体育教学内容时也要注重推陈出新，改革与发展一些新颖的运动项目。除此之外，我国多民族的特性决定了各个民族都有出色的民族特色体育项目，这些民族项目既各具特色，又有良好的健身价值，在体育教学内容的选定中应适当根据具体情况加以选用。

二、大学体育教学内容的改革

（一）大学体育教学内容改革中存在的问题

目前来看，在我国体育教学内容改革与发展的过程中存在着以下几个较为明显的问题，需要引起一定的重视。

1. 体育教学内容繁多且较杂乱

当前我国的体育教学内容繁多并且较为杂乱，看似重视大学生的全面发展，但实际上，这些教学内容在规定的授课时数内很难教完。即便教完，也只是一些综合性的表面知识，并不会让大学生对所学的运动项目有一定深刻的认识，更不利于大学生对运动项目技能的掌握。

2. 体育文化知识含量少，缺少以健康为主题的教学内容

高校中的体育理论知识包含的内容有很多，比如，较为主要的有奥运知识、体育道德风尚、体育人文精神、体育文化欣赏等。但是实际情况则是，各大高校中适应大学生的理论知识体系并没有形成，更没有纳入体育教学内容中，且与此相关的部分教学内容针对性和实用性不是很强，这就使大学生体育文化的学习与认识在很大程度上受到制约。

3.体育教学内容过于陈旧和单一

长期以来,我国学校体育教学一直在强调体育教学内容体系的完整性,从而忽略了一些前沿性和现代性的内容,显得运动知识和技能过于陈旧,没有与时俱进,让大学生产生枯燥乏味的感觉。

此外,尽管当前的体育教学中各种健身和娱乐的体育教学内容不断涌现,但受到一些教学思想的限制,教学内容的改变性和开放性始终得不到体现,体育教师在教学实践中很难重新对教学内容进行选择,进而使得大学生喜欢的、渴望参加的内容好似永远也不可能成为学校课堂的教学内容。

(二)大学体育教学内容改革的思路

针对当前大学体育教学内容的发展情况和改革中出现的问题,为了更好地促进大学体育教学内容的完善,需要对此进行进一步的改革,其中,可采纳的基本思路主要有以下几个方面。

1.遵循以人为本的思想,满足体育教学主体的需求

首先,确定教学指导思想,然后再对教学目标及目标的内涵进行准确的定位。其次,要与高校教学的实际情况有机结合起来,以大学生的主体需要为出发点,有针对性地对体育教学内容进行选择。当前,大学体育主体的需要已经发生了较大的变化,因此,体育教学的内容也应该适应这种变化,有针对性地增加健美、舞蹈、韵律体操、轮滑等一些趣味性强的项目,这样不仅能够使教学内容得到进一步丰富,还能够更好地调动大学生参与学习的积极性,满足大学生的需求。

2.重视隐性体育教学内容

作为体育教学内容的一个重要组成部分,隐性体育教学内容也包含着很多具体的方面,其中,较为主要的有道德修养、体育精神、思想作风等无形的内容。对大学生的纪律观念、集体观念、社会道德水平和意志品质进行积极有效的培养,能够对大学生产生潜移默化的影响,这对于大学生体育文化素养和体育道德水平的提高有着积极的促进作用,同时,这对于大学生更好地适应竞争激烈的社会也有所助益。

3.增加健康教育的内容

教学内容充分的健康化,是指充分提取、利用教材中的健康教育因素,实现体育与健康教育的结合。在选择教材内容时,为了能够有效完成增强大学生体质的重要任务,大学体育需要在体育教学内容中增加有关健康教育的相关内容,具体来说,就是要增加那些大学生乐于参加,并且对大学生身心健康有利的体育项目,而将难度大、重复多且单调枯燥、大学生不感兴趣的项目删除。要以大学生身心发展的特点以及知识和能力的水平为主要依据,来对教学内容进行有针对性的安排,从而使教学内容的实用性和趣味性得到有效提高,将大学生的学习兴趣有效地激发出来。

第四章 大学体育教学模式的创新

现代体育教学强调体育教学活动中教师与大学生都能在良好的教学气氛和环境中实现无障碍的交流，这种良好教学环境的创设在很大程度上依赖体育教学模式的选择与教学应用。不同的体育教学模式能为体育教学活动的开展提供一个教学框架，以实现体育教学不同教学要素的合理规划与科学安排，促进不同教学课程目标的实现。

第一节 体育教学模式概述

一、体育教学模式的概念与分类

（一）体育教学模式的概念

简单来理解，体育教学模式以特定的体育教学思想为指导，是一种稳定的教学程序，终极目的是完成体育教学目标。

（二）体育教学模式的分类

新的课程标准公布以来，对教学目标的表述有了较大的变化，以前的教学目标强调的“增强体质、掌握三基、思想品德教育”三个方面，而新课程标准下的体育教学目标包含了“运动参与、身体健康、运动技能、心理健康、社会适应能力的发展”五个方面，因此，体育教师应结合具体的教学目标选择合适的体育教学模式。

二、体育教学模式的系统构成

就整个体育教学来说，体育教学模式是整个体育教学系统中非常重要的一个系统要素。在体育教学系统中，体育教学模式既是一个相对独立的、完整的教学系统，同时也与整个体育教学系统中的其他教学系统要素保持着密切的关系。

在体育教学模式系统内部，体育教学模式的各种构成要素之间的有机结合使得体育教学模式能够符合当前的体育教学现状、符合体育教师的教学要求和大学生的体育学习需求，能够保证良好体育教学效果的获得，是保证体育教学模式正常发挥作用的基本前提。体育教学模式的各要素组合的优化组合，就构成了教学模式一定秩序或流程。在教学实践中，安排好体育教学模式各要素之间先后、前提和结果等关系，有助于促进体育教学模式功能的实现和教学效果的不断优化。

（一）体育教学思想

体育教学思想对体育教学模式的合理选用具有重要的指导作用，不同的体育教学思想要求不同模式的体育教学过程的设计，从这一点来讲，体育教学思想为体育教学模式的选用指明了方向。

从某种意义上讲，体育教学指导思想是体育教学活动的灵魂，贯穿体育教学活动的始终，是体育教学模式设计的重要参考对象。体育教学指导思想还是现代体育教学模式的一种特殊的构成要素，它是制定体育教学模式的重要因素之一，不同时期的体育教学模式必然表现出不同的时代特点。这就是教学思想对体育教学模式构建指导的体现。无论是哪一时期的体育教学，体育教学思想始终贯彻与制约着体育教学活动的整个过程。

(二)体育教学目标

体育教学模式的构建必须建立在明确的教学目标基础之上，体育教学模式的选择和应用是为了实现相应的体育教学目标服务的。

在大学体育教学实践中，构建科学完善的体育教学模式，体育教学目标是重要参考依据，体育教学模式的构建要围绕体育教学目标来进行，整个体育教学模式框架、内容、程序、要素关系构成等，都在体育教学目标指导下进行。

(三)体育教学程序

操作程序，是指环节或步骤。体育教学模式系统中，操作程序就是体育教学模式各要素活动的开展流程。

体育教学模式的实施，离不开一定的体育教学程序编排，在体育教学实践中，由于所选择的教学程序和教学方法具有多元化、多样性等特点，因此，在体育教学过程中，教师必须深入理解体育教学模式结构特点，促进体育教学程序的合理安排，以实现体育教学过程的完善。优化体育教学操作程序，有助于体育教学模式的进一步完善。

(四)教学实现条件

体育教学模式的实施需要一定的体育教学物质条件支持，这些教学物质条件和资源是体育教学模式的一个重要构成内容，如果缺乏必要的教学条件则教学模式就不能实施。

(五)教学效果评价

教学模式是否可取，需要通过评价进行认真的反思、总结、评价，并为进一步的体育教学模式完善提供有效参考。具体来说，对体育教学模式在体育教学实践中运作质量的检验过程就是对体育教学效果进行评价的过程。在任何教学活动中，体育教学效果评价都是十分必要和重要的。

对体育教学模式进行评价，合理收集反馈信息非常重要。体育教学模式是否能正确实施关系到体育教学效果的实现，体育教学模式的实施过程中，应注意体育教学效果的信息反馈，一般来说，体育教学效果的反馈过程有两种模式，即正反馈和负反馈。正反馈是指通过教学模式有好的反应和结果，反馈总结有助于优化当前的体育教学模式，促进教学质量提高；负反馈是指体育教学模式的失败教训，有利于体育教师检查和反思教学问题和不足，并吸取教训，改善教学模式实施操作，或重新选用或完善体育教学模式。在体育教学模式实施过程中，应注意体育教学反馈信息的及时收集，并确保信息收集的全面、客观、真实。

三、体育教学模式的特点

(一)整体性

体育教学模式的整体性表现分析如下。

(1)体育教学模式是一个完整的、整体的系统构成,在体育教学模式系统中,教学思想、教学目标、操作程序、实现条件、评价共同构成一个完整整体。

(2)体育教学模式在体育教学实践中的实施,对体育教学效果的影响是教学模式的整体效应,而非教学模式系统内部的具体系统要素的作用发挥,体育教学模式的各要素结构组织不同,教学模式的类型和教学作用也不同。

(3)教学模式的应用所解决的主要问题是体育教学的整个教学任务的完成问题,针对教学过程中的微小细节问题不能一一照顾到。在体育教学活动开展期间,对于体育教学模式的选择必然是从教学宏观角度出发来选择相应的教学模式的,教学过程中解决问题应着眼于整体的角度,而不能为了教学中的一个细小问题选择不合适的教学模式。

(二)简明性

体育教学模式为体育教学的开展提供了一个整体框架,使得体育教学设计能在框架基础上做到有的放矢。简单来说,教学模式是简化了的教学结构理论模型,它从理论高度简明、系统地对凌乱纷繁的实际教学经验的理论化概括,是简单、易理解的教学模型,对体育教学具有提纲挈领的指导作用。

(三)稳定性

体育教学模式是对体育教学实践过程的高度概括,这种概括性和教学过程描述的简明性决定了体育教学模式的稳定性。

体育教学模式构建之后,其结构是稳定的,体育教学模式适用于一定的体育教学思想,适用于多种教学内容、教学对象的教学,不同教学模式在教学操作程序、教学目标实现方面有所不同,可以很好地适应体育教学实践,能够结合具体的教学情况不同,解决不同的体育教学问题。体育教学模式自出现到发展至今,常用的总是经典的几个体育教学模式,甚至有多个教学模式历经几十年,在以后的体育教学中仍会长期使用,这充分体现了体育教学模式的稳定性。

(四)针对性

体育教学模式的针对性主要表现在其选择依据方面,教学模式的选择不是随意的,而是科学的,与实际体育教学目标和教学对象相符的。

(1)针对不同的体育教学目标,有不同的体育教学模式。如旨在促进大学生自主学习能力的发展,发展大学生的探索意识和能力,多采取探究式教学模式。

(2)针对不同的教学对象,体育教学模式不同。例如,情境教学模式,通过故事形式,开展体育教学活动,适用于理解能力较差、体育基础不够的大学生;快乐体育教学模式适用于一些简单、趣味教学内容的展示,更适用于年龄小和刚接触体育教学的大学生。

(五)开放性

体育教学活动的开放性决定了体育教学模式的开放性,体育教学模式的开放性表现以下几方面。

(1)体育教学模式结构稳定,但系统内部的各要素的情况是可以发生变化的,并且在体育教学模式的实施过程中,体育教学方法、手段等都具有多样性,可以随着教学需要发展不断丰富化。

(2)体育教学模式程序固定,体育教学模式在结构上、程序上是基本固定的,而且教学程序是不可逆转的,但不同体育教学活动之间的内容比例、时间比例是可以灵活调节的。其中某些内容可以以教学实际进行压缩、省略和重叠。

(3)体育教学模式的开放性更多地表现为结合体育教学需要的局部调整,体育教学模式的性质不会发生改变,体育教学模式的整体或细节的调节可以使体育教学模式更加与体育教学实际相符。

(六)操作性

教学模式具有操作性,任何一种体育教学模式都必须能在体育教学实践中应用,否则再好的体育教学模式如果只能停留在理论阶段,都只是空谈。通过对体育教学模式的实施,能使体育教师非常清楚地知道在教学中应该先做什么,再做什么,最后做什么,并为体育教学模式的实施创造必要的教学环境与条件,使体育教学模式具有可操作性。

四、体育教学模式的选用依据

(一)根据教学思想选用教学模式

体育教学思想对体育教学模式的合理选用具有重要的指导作用,体育教学思想为体育教学模式的选用指明了方向。例如,素质教育思想是最先被提出和受到重视的新时期体育教学思想,它为当前学校体育教学的改革与发展提供了新的思路。现代体育素质教育以发展体育素质为目标,目的在于促进大学生的身心健康成长和全面发展;终身体育思想从国外引入后逐渐得到重视,终身体育思想在体育教学中的指导应用,标志着我国改变了传统的过于追求金牌的利益教学模式,开始重视大学生以及国民体质健康的终身发展。

随着体育教学和教育的不断发展,必然还会有更新的体育教学思想提出并为体育教学的改革与发展提供指导。

(二)根据教学目标选用教学模式

教学目标是选择教学模式的重要因素。教学目的不同,选用的教学模式也应不同。任何教学模式的确立都是为了实现一定的教学目标。

新课改下,传统体育教学的教学目标得到了丰富,新教学目标强调"运动参与、身体健康、运动技能、心理健康、社会适应能力的发展",体育教学模式实施应促进大学生的这几个方面的综合发展。

(三)根据教学内容选用教学模式

体育教学内容是体育教学模式选择和确定的重要参考依据,不同的体育教学内容的教学展现方式对大学生的学习方式要求不同，通过教学内容的学习培养的大学生的素质不同，因此，需要有针对性地选择不同的教学模式，以使体育教学内容得到更加充分的传播与吸收。

通过对不同教材内容性质的详细分析，有助于教师科学选用合适的教学模式。举例分析如下。

精制教学型教材内容——“多吃少餐”型教材或“一次吃饱”型教材，旨在培养体育意识、学习技术技能。教学模式选择应重视大学生技能掌握，同时注重教学探索，可选择程序教学模式和(技战术)案例教学模式、领会式教学模式开展教学。

介绍教学型教材内容——“少吃多餐”型教材或“一次品尝”型教材，旨在培养大学生体育意识、促进大学生身心健康。因此，教学模式选择应重视大学生的情感体验，如快乐体育教学模式、成功体育模式等。

(四)根据教学方法选用教学模式

体育教学模式的设计和选择过程中，体育教学模式设计者在体育教学思想的指导下，对体育教学模式的各项基础要素进行仔细分析，对体育教学过程进行合理编排，细化体育课的单元课程教学程序及内容，这都依赖于科学体育教学方法的选择，不同的体育教学模式对体育教学方法的要求不同，不同的教学方法适用于不同的教学模式。

在体育教学实践中，科学的体育教学方法的选择和应用可以让体育教学模式的教学功能最大限度地发挥出来，同时，体育教学模式中教学方法的选用应充分考虑与其他教学模式要素之间的关系。只有体育教师明确体育课教学步骤，科学安排体育课的内容，才能根据既定内容选择合适的体育教学方法。合理选用体育教学方法并科学化处理与其他不同教学模式要素之间的关系是制定和选择体育教学模式的关键所在。

(五)根据大学生特点选用教学模式

大学生是教学活动的主体，体育教学模式的选择应充分考虑大学生的具体情况，有的放矢。例如，低年级大学生活动性强、兴趣广泛，感性，喜欢体育游戏，可选用快乐体育模式、情境教学模式、成功体育模式；高年级阶段的大学生有一定的知识积累，逻辑思维丰富，可较多选用启发式、发现式、运动技能类教学模式。根据大学生的具体情况实现教学模式的科学化选择，以更好地实现教学效果。

(六)根据教师实际选用教学模式

不同的体育教师的教学经验、教学指导与管理能力不同，教学风格不同，因此适合选择不同的体育教学模式。对于体育教师来讲，选用体育教学模式还要结合自己的实际教学需要和教学能力来进行，这样要利于教师知识、能力、风格等的正常发挥，以更好地发挥体育教学模式的作用。

为了更好地进行体育教学，体育教师在日常教学中应注意不断学习和实践，掌握更多的知识、经验和技巧，从而能游刃有余地选用和利用教学模式，优化教学效果。

(七)根据教学条件选用教学模式

体育教模式的实现需要一定的体育教学条件的支持，如果缺乏必要的体育教学条件，如教学硬件(体育器材、设备、场馆等)、教学软件(电子教案、课件、计算机操作软件等)等,那么,依托于一定教学条件的体育教学模式就无法开展。不同教学模式所需的教学条件不同,现代教学手段与仪器(幻灯、模型、录像、多媒体、课件等)种类多样,教师应结合具体的体育教学目标、内容、条件合理选择体育教学模式。

第二节 常见的体育教学模式及应用

一、小群体体育教学模式

小群体教学模式是在教师的指导下,把大学生分成若干个学习小组,同组大学生之间通过互动、互助、互争的体育学习教学模式。

(一)指导思想

(1)教学应培养大学生的良好品质。

(2)教学应重视大学生的身心、体育竞争与合作意识等整体发展。

(3)教学应体现竞争性与合作性,教导大学生学会合作与竞争。

(4)教学应重视大学生的社会性发展,提高大学生社会适应能力。

(二)优缺点

小群体教学模式具有"群体性"特点,有助于培养大学生良好的团队意识、团队协作能力、合作能力,在团队交流中还有助于培养大学生的沟通、表达、交际能力。

小群体教学模式重视对大学生的社会性培养,这要求教师在大学生的社会性实践中花费较多的教学时间,这可能会压缩大学生的身体练习时间。

(三)适用条件

(1)大学生有团队意识和协作能力。

(2)体育教学条件好,器材设备充足。

(3)体育教师具备良好的教学能力,能实现对大学生的合理分组和教学引导。

二、快乐体育教学模式

"快乐体育"强调体育教学应让大学生感受到运动快乐,强调让大学生在快乐的氛围中接触、参与、学习体育,体会到运动的快乐和乐趣,进而养成良好的体育参与意识和习惯。

(一)指导思想

(1)重视大学生学习兴趣的培养与调动。

(2)从情感教学入手,强调勤学、乐学。

(3)强调教育的"以人为本",重视大学生的教学主体地位体现。

(二)优缺点

快乐体育教学模式可充分尊重大学生的快乐体验,使大学生在轻松愉快的教学环境中进行体育学习，能提高大学生的体育学习和体育参与的积极性。

快乐体育教学模式的体育教学内容选择注重学习乐趣，过于简单的内容学习可能不利于大学生对体育技能的掌握。

（三）适用条件

（1）体育教师教学实践经验丰富。

（2）体育教学内容难度较低，或无技术难度要求。

（3）大学生有一定的体育运动练习基础，具有创新能力。

（4）教学场地、器材能充分满足体育教学与练习活动。

三、成功体育教学模式

成功体育教学强调体育教学过程中大学生的主体地位，要求通过体育教学，使大学生克服一定的学习困难，并通过自己的努力完成学习目标，让大学生有学习成就感，为之后持续参与体育奠定良好的学习基础和建立学习自信。

（一）指导思想

（1）创造和谐、温暖的学习环境。

（2）关注大学生学习效果。

（3）重视相对评价与绝对评价。

（4）重视合作与竞争的统一。

（5）强调大学生学习过程中努力的重要性。

（二）优缺点

成功教学模式重视大学生“成功感”的获得，有利于大学生认识自己，有利于大学生在学习中发扬“艰苦奋斗”的精神，坚持不懈地完成学习目标，能够帮助大学生建立学习自尊、自信，以促进他们能更积极地投入到下次学习。

成功教学模式的教学组织工作难度较大，教学内容和方法选择难，此外，由于不同大学生的学习能力不同，因此在学习目标设定方面存在差异，目标设置过高或过低都不能满足大学生的学习需求。因此，目标确定存在一定难度。

（三）适用条件

（1）教学形式可以采用分组教学。

（2）教学条件好，有充分的体育教学资源支持。

（3）体育教师教学组织、管理能力好。

四、领会式体育教学模式

领会式体育教学强调体育教学的整体学习（领会），指出体育教学不应只追求大学生的技能掌握，重视大学生对整个运动项目的认知和对运动特点的把握。

（一）指导思想

（1）教学内容应先尝试，后学习。

(2)教学应促进大学生全面掌握知识、技能。

(3)教学应结合具体教学需要合理安排教学程序。

(4)教学应重视教学竞赛的利用。

(二)优缺点

领会式体育教学模式重视大学生在体育学习中的整体学习与把握,强调让大学生在实践中(活动中或比赛中)去发现问题,要求教师根据大学生实际情况选择教学方法,有助于激发大学生的学习兴趣、学习动机、学习思考能力。

领会式体育教学模式需要借助于教学竞赛、游戏组织来完成教学,需要教师具备良好的教学组织能力、对大学生的运动水平要求较高,否则容易导致教学组织混乱和大学生受伤。此外,教学过程中用于教学组织的时间较长会导致大学生技能练习的时间减少。

(三)适用条件

(1)大学生有一定的体育理论知识基础。

(2)大学生有一定的思考能力,有探索意识。

(3)教师有良好的教学氛围和适宜的教学方法。

五、主动性体育教学模式

主动性体育教学模式以"大学生是体育教学的主体"理论为指导,强调对大学生在体育教学中的主动性调动。教师应通过良好体育教学环境的创设,提高大学生的体育学习参与积极性与主动性,让体育教学从"要我学"变成"我要学"。

(一)指导思想

(1)教学应重视大学生的教学参与。

(2)教学应重视大学生创新意识的培养。

(3)教学应重视大学生"教学能力"的培养。让大学生站在教师的角度上去思考问题。

(4)教学应重视大学生良好体育品质的培养。

(二)优缺点

主动性体育教学重视大学生的主体地位,有针对性地发展大学生的主体意识,有利于提高大学生的学习主动性和自主性,可促进大学生的学习能力的提高。

主动性教学模式对大学生的学习自觉性要求较高,如果大学生基础不好,会导致教学难以开展。

(三)适用条件

(1)授课对象是小班群体。

(2)大学生有一定的学习自觉性基础和教学组织基础。

(3)教学内容中没有较难的运动技术要求。

六、发现式体育教学模式

发现式体育教学模式,又称"启发式体育教学模式",强调在教师指导下的大学生学习探索，要求大学生在教学中能够独立研究、发现、解决问题，最后教师做出点评并提出改进意见和建议。

（一）指导思想

（1）教学应以大学生为中心。

（2）教学应重视调动大学生学习主动性。

（3）教学应重视发展大学生思维。

（4）教学应强调情境设置，重视引导大学生发现、探索、创新。

（二）优缺点

发现式体育教学模式，重视针对体育教学问题的教学情境设置，能很好地将大学生引入教学情境中，并激发大学生对问题的分析、探索、思考，有助于提高大学生的自主学习能力。

发现式体育教学模式需要有较多的教学时间投入到对大学生自主学习能力的开发中，会导致大学生体育练习时间的减少。

（三）适用条件

（1）大学生具有一定理解能力、知识基础，具备一定的运动能力与经验。

（2）体育教师具有较高的教学水平与经验，善于运用灵活的教学方法、教学组织形式等来设置问题情境。

（3）教学学时充足。

第三节　现代教育背景下的新型体育教学模式

一、多元智能教学模式的构建

（一）教学模式理论基础

多元智能理论由美国哈佛大学心理学教授霍华德·加德纳（Howard Gardner）提出。他认为，每个人都具有多元智能，各种智能之间互不干扰，大学生之间存在客观的认知能力的差异，教育应促进不同大学生的不同智能的发展。

多元智能教学模式以多元智能理论为指导，重视体育教学活动的开展是对大学生多元化智能的发展一种促进，要求体育教师结合不同大学生智力发展有针对性地安排体育教学程序和内容，通过多样化的、丰富的教学方法、内容，满足大学生的不同学习兴趣、需求，为大学生参与体育学习提供良好的环境和基础，并对大学生的能力进行客观、全面、多维的评价，促进大学生的体质、心理、健全人格和社会能力等各种素质的多元发展。

（二）多元智能教学模式构建实施

构建多元智能教学模式，应突出教学模式的以下重点要素。

（1）教学形式的多元化。包括“教”的形式和“学”的形式，为教师、大学生提供更多、更优的教学形式，突出大学生的教学主体地位，满足教师与大学生的教授与学习需求，构建和谐师生关系。

(2)教学内容的多元化。丰富体育教学内容，并使体育教学内容兼具创新性和时代性特征。

(3)教学方法与手段的多元化。丰富体育教学方法和手段，综合运用多种方法和手段的组合形式提高大学生学习兴趣和激情。

(4)教学考评的多元化。体育教学考评的内容、标准、主体都应多元，以确保体育教学评价的客观、全面。

二、体育俱乐部教学模式的构建

(一)教学模式条件基础

体育俱乐部教学模式是学校与大学生共同参与组织的新型教学模式，该教学模式充分考虑了大学生的体育兴趣，将大学生的体育教学与课外体育活动参与有机结合起来，教学形式更加灵活、气氛更加活跃。

体育俱乐部教学模式在体育教学中的尝试应具有以下条件。

(1)体育俱乐部应具备丰富、先进的设备、器材，保证体育俱乐部各项活动的正常运行。

(2)体育俱乐部应建立完善的俱乐部责任制度、体育运动卫生安全制度，并建立相关的监督机制。

(3)体育俱乐部应有对应的专业体育教师的指导。

(二)体育俱乐部教学模式构建实施

(1)以大学生的体育学习兴趣为基础构建体育俱乐部教学模式。

(2)体育俱乐部教学应与学校的体育必修课、体育选修课充分结合起来，促进课上、课下体育教学的衔接和延续。

(3)学校应加强对学校体育俱乐部的管理和指导，规范体育俱乐部的体育活动。

三、多媒体辅助教学模式的构建

(一)教学模式技术基础

多媒体教学辅助技术是伴随着多媒体教学技术的发展而发展起来的，是对多媒体教学技术在体育教学中的一种新的教学模式的应用。

多媒体教学模式的应用需要依赖多媒体教学技术，该教学模式表现出了智能性、集成性、交互性、实时性，整个体育教学资源都是以全数字化的方式加工、处理，如此使教学更加形象生动。

(二)多媒体辅助教学模式构建实施

多媒体辅助教学模式需要多媒体技术教学支持，对体育教师的多媒体技术应用能力有较高的要求，在多媒体辅助教学模式实践中，应注意以下几点。

(1)建立完整的多媒体教学系统，通过体育录像、图片、Flash 等的引入，提前做好多媒体技术准备、教学资料准备。

(2)避免单纯地为了追求教学的“新”而采用多媒体教学。多媒体教学应与教学需要相适应。

四、互联网在线教学模式的构建

(一)教学模式条件基础

互联网在线教学是在计算机网络技术创造的虚拟体育教学环境中开展的一种体育教学新尝试,这种体育教学模式的实现需要计算机网络技术的支持。一方面,学校应建立流畅和完善的校园教学网,另一方面,学校应有较为健全的互联网在线教学的教学管理制度,以进行网上教学监控、监管,确保体育网上教学活动的顺利开展与实施。

(二)互联网在线教学模式的实施

互联网网上教学是体育教学的网上教学新模式,这种模式极大地拓展了体育教学的时间和空间,使得体育教学更加智能,更具交互性,师生的在线体育交流更加开放。该教学模式的实施具体要求如下。

(1)教师应具备网上课件开放、编辑、加工的能力。

(2)做好网络课堂管理,确保大学生的有效在线学习。

(3)做好线上、线下体育教学活动组织与管理。

第四节　大学体育教学模式的创新与发展

一、体育教学模式的发展趋势

(一)理论研究的精细化发展

精细化是新时期大学体育教学模式研究的必然趋势。教学理论和教学规律对教学模式具有重要的指导作用。随着现代体育教育者对体育教学模式选用的重要教学影响的重视,将有更多更深入的体育教学模式被创造,同时,关于体育教学模式的研究将更加精细化,甚至会关注体育教学模式的教学应用的每一个细节的问题。

(二)模式目标的情意化发展

随着大学体育教学改革的深入,现代体育教学越来越重视大学生的多元化发展,体育教学模式的实施也不满足于仅仅丰富大学生的体育知识、提高大学生的体育技能,开始更多地考虑促进大学生的心理性、社会性的发展,并重视体育教学中的非智力因素对教师的教学、大学生的学习的重要影响。

素质教育背景下,未来的教学模式实施将更加注重对大学生的人格教育、品德教育、情感教育与知识教育,重视对大学生独立性、情感性和独创性的培养,重视体育教学模式实施中大学生的情感体验和个性发展。

（三）教学形式的综合化发展

教学形式的综合化是指教学模式向着课内和课外一体化的方向发展。

目前，各种体育教学模式都将教学活动局限于课堂上，对课外活动不够重视，大学生的课外体育活动得不到科学指导。

新时期的体育教学模式将更加关注课内体育教学与课外体育教学的有机结合，“课内外一体化”教学模式将成为新阶段教学模式创新的重要方向。

（四）构建方法的演绎化发展

从体育教学模式的发展来看，教学模式的构建与完善需要经历一个漫长的过程。在体育教学发展之初，教育工作者对教学模式的创举更多的是一种实践探索，通过多次教学实践经验总结，归纳不同教学模式的相似点，最终形成一个成熟的体育教学模式。

20 世纪 50 年代以后，教学理论假设往往先于教学实践出现，从一种思想或理论假设出发，设计出的一种教学模式，再经过体育教学实践的检验，并在教学实践中不断改进完善，最终形成稳定的教学模式。教学模式的这一形成过程是一种演绎教学模式，其中所产生的教学模式大都属于这一类型。

和归纳法不同，演绎教学模式从理论假设开始，重视科学理论指导，具有教学模式探索的科学性，并能避免在教学实践中少走弯路、避免资源浪费。演绎型的教学模式的发展是教学模式发展的一个重要趋势。

（五）模式应用的现代化发展

随着现代教育和科技的快速发展，现代教学活动中，先进技术产品和手段的运用也在很大程度上提高了教师的授课效率，被新时期的大学生群体所喜爱，有助于调动大学生的体育学习兴趣。现代教学模式的发展创新也更多地与现代教学技术手段相融合，将更多更先进的体育教学技术手段纳入体育教学模式的教学实践中。

二、体育教学模式的创新策略

（一）重视教学对象特点分析

重视体育教学对象特点的分析，是科学选用体育教学模式的重要基础，也是从教学对象特点入手进行体育教学模式创新的一个重要切入点。

大学生作为体育教学对象，是教学活动的主体，因此，体育教学模式的选择应充分考虑大学生的具体情况。体育教学工作者应充分了解不同年龄段的大学生特点，充分考虑大学生的学习需求和体育需要，做到有的放矢，科学选择、组合、改革体育教学模式。

（二）发挥不同教学组织形式的作用

体育教学模式创新，不应只从教师的课堂教学方面入手，也要充分考虑到体育教学的多元组织形式。例如，体育俱乐部教学模式就充分弥补了课堂体育教学的组织单一、内容单一的不足。

在大学体育环境中，各种体育团体、组织都可以成为课堂体育教学的拓展，可以成为体育教学课外教学模式的有效补充。

（三）借鉴与创新相结合

体育教学模式创新必须有根基可循，如以一定的教学理论为指导。但如果体育教师对体育教学理论的认知和教学实践应用能力有限，在这样的条件下，教师应重视加强理论学习、加强体育教学模式最新研究和动态发展的学习，积极借鉴国外的先进教学模式理论、借鉴国内的先进教学模式理论与成功教学经验，并结合本校教学条件、教学需求、大学生特点等进行教学模式的革新。

（四）加强教学信息建设

体育教学模式的创新，离不开各种新教学技术的应用，为了更好地实现新体育教学技术对体育教学模式实施的支持，应加强校园教学信息建设。

（1）各个高校之间应当建立一个公共体育的教学资源共享平台，加强各校信息联系，共同提升大学体育教学进程。

（2）借助多媒体，建立校园网，为新时期的体育学习提供更多的便利，为大学生的体育参与提供更加广阔的平台，从时间、空间两个方面拓展传统意义上的体育教学格局。

（3）完善校园体育选课信息平台建设，加强对各个体育课程的介绍和推广，为大学生的在线体育选课提供及时有效的课程信息和建议。

（五）注重体育教学模式评价

对体育教学模式进行简明、科学、操作性强的评价，以便于教学评价工作的顺利开展。这是新时期体育教学改革对体育教学模式评价的客观要求，也是发现体育教学模式中的教学问题、不断完善体育教学模式的有效途径。新时期，建立健全体育教学模式评价体系、不断完善体育教学模式应注重以下几点。

（1）以体育教学应达到的目标为基础评价体育教学模式。

（2）体育教学模式的评价应以便于教师教学和大学生学习为依据。

（3）体育教学模式应适于教学记录。

（4）重视评价反馈信息的全面化、真实性。

（5）评价标准的多元化。

（6）以个人或集体的经验为依据，对评价指标进行科学、正确的衡量，对现有体育教学模式的不足进行改革创新。

第五章 大学体育教学设计的创新

大学体育的科学化教学过程是一个智慧的过程，需要体育教育者在每一个教学过程的环节和细节中投入教学智慧，通过科学化教学设计来促进各项体育教学活动的顺利开展，并能很好地帮助教师完成教学任务、帮助大学生完成学习任务，实现教学相长、优化教学效果、提高教学质量。

第一节 体育教学设计概述

一、体育教学设计的概念与特点

（一）体育教学设计的概念

体育教学设计是体育教育教学的准备工作，是教学执行者和参与者为提高教学质量在教学活动中采取的具体的教学活动方案。体育教学设计者必须根据体育教学自身的特点，充分考虑大学生特点与情况，结合体育教学的环境和条件，对未来体育教学过程中可能出现的一系列问题进行预测，合理规划师生的教学活动，并制订出相应的计划方案。

在大学体育教学中，科学的体育教学设计有利于促使体育教学理论与教学实践的有机结合，能为教师提供科学合理的体育教学方案指导。

（二）体育教学设计的特点

1. 超前性

体育教学设计是教学准备工作，要在真正的体育教学活动开始前进行。因此，整个体育教学设计方案的内容、问题预测、问题解决方案等均具有超前性。

从本质上讲，体育教学设计只是体育教学活动的一种设想和预测，它需要对即将进行的体育教学中可能产生的问题进行分析。在进行体育教学之前，体育教师必须设计出这堂课的教学方案，并根据体育教育、教学理论和大学生的学习需求，针对教学活动中可能发生的问题提出解决方法。体育教学设计方案是对即将开始的体育教学实践活动的一种预先策划，是为了更好地应对和解决体育教学中可能出现的各种问题，因此来说，往往体育教师的教学设计会尽可能地要求考虑到各种教学问题，但是，体育教学设计不可能将体育教学实践中的所有问题都考虑周全。

2. 差异性

正是因为体育教学设计是一种教学提前行为，是一种教学预测与提前规划，可能存在“考虑不周”的情况，再加上体育教学是一种开放性的活动，可能会受到各种因素的影响，因此体育教学设计方案与体育教学实践活动之间可能存在差异。

体育教学设计的差异性特点，使得体育教师在教学过程中要时刻根据具体的教学情况调整教学方案，以适应不断变化的教学要求。

首先，体育教学设计应以体育与健康课程理念为基础，以大学生的体育学习需要为基础，实现对体育教学实践活动的宏观指导，确保体育教学实践活动的整体方向和格调是正确的。

其次，体育教学过程是复杂、多变的，体育教学设计者设计出的教学方案不可能全面概括教学实践，不可能完全解决教学实际中存在的各种问题，体育教学设计者所设计的体育教学方案应能提纲挈领，能抓住主要矛盾，在教学问题处理上要有多个备选方案并能在教学问题解决预案中留有空间，以便根据实际教学情况不断对教学计划进行调整和弥补。

3. 创造性

体育教学设计的过程是一个解决教学问题的过程，是一个创造性过程。

任何学科的教学过程都涉及各种教学要素，包括主观教学要素和客观教学要素，在教学体系构成中各子要素及其相互之间的关系也会时常发生变化，体育教学也不例外，而且体育教学的教学环境与条件更具开放性，这就使得体育教学过程是一个更具创造性的过程。

体育教学的教学开放性与多变性并非体育学科教学的一个缺点，相反这促使了体育教师在体育教学中可拥有更多的教学发挥空间，为教师的体育教学设计提供了一个更开放的创造空间。通过体育教学设计，能提高教师的教学创新能力，同时也能通过体育教学活动组织与实施，培养和提高大学生的创造力、创新能力。

首先，对于体育教师来说，在体育教学中要具备一定的创新性和创造能力，能创造性地解决体育教学活动中出现的问题。概括来讲，体育教师必须具备一定的文化基础知识和较扎实的专业知识，具备主动适应基础教育的意识与能力，具备创造性的想象力和创造性的思维，如此才能设计出科学有效的体育教学方案。

其次，对于大学生来讲，体育教学活动中的体育教学参与过程是不断尝试、探索、发现、解决问题或达成一个新的目标的过程。在整个教学活动参与过程中，大学生在教师的体育教学设计方案下进行体育活动知识、技能的学习，并通过个人的努力去完成学习目标，实现对所要求掌握的知识点、技能的理解与掌握，学习目标的达成非常重要，整个学习过程中的学习体验也很重要，这就需要大学生在教师的指导下进行有限制性或者无限制性的探索与创新（例如在运动规则要求下进行技战术的创新发挥），以促进学习目标的实现。

二、体育教学设计的背景分析

（一）体育学习需要分析

进行体育教学设计，首先应明确体育学习需要，以便于在体育教学设计过程中做到有的放矢，更有教学针对性。体育学习需要的教学设计分析方法与步骤具体如下。

1. 分析方法

目前，针对体育学习需要的分析方法主要有内部参照分析法和外部参照分析法两种方法，教学设计实践中这两种方法通常结合使用。

(1)内部参照分析法:比较分析体育教学目标与大学生体育学习现状,找出差距。

(2)外部参照分析法:以社会对大学生的期望值为标准来衡量大学生的学习现状,找出差距。

2. 分析步骤

第一,确定体育教学期望(教学目标),根据体育教学大纲和体育教学类型明确本次教学课的具体教学期望(目标)。

第二,确定体育学习现状。通过观察、测量、评价等方法来确定体育学习者(即大学生)的知识、技能、学习态度、技术水平等。

(二)体育学习任务分析

1. 分析方法

针对学习者(大学生)的体育学习任务进行分析,常用分析方法如下。

(1)归类分析法

结合体育教学目标对教学内容进行分类,形成有意义的指数结构。该方法有助于体育教师指导大学生完成学习任务、达成教学目标。

(2)层级分析法

将不同层次的从属体育知识和技能进行分析,帮助教师明确体育学习的内容,使之与实际教学活动安排相符,依次完成教学目标,该方法适用于体育运动项目技能的学习。以篮球运动的行进间运球三步上篮教学为例,先明确行进间运球三步上篮动作技能的从属能力,再分析该从属能力应具备的下一级能力,层层递进,直到追溯到大学生的起点能力,再从起点能力开始展开教学。

(3)信息加工分析法

根据体育教学目的所要求的行为表现,利用流程图来描述目标行为所含有的基本心理过程的分析方法。该分析法对教师的综合教学能力要求较高,适用于技能和态度类学习任务的分析。以篮球长传快攻战术教学为例,分析大学生完成战术的各种心理活动与心理能力,将心理过程与能力要求与战术的完成之间的关系用结构图来表示,指导大学生的战术技能学习与行为实施。

2. 分析步骤

第一,确定大学生起点能力,全面掌握大学生学习基础,以此为教学起点,有序安排教学活动,帮助大学生稳步、扎实学习与掌握各教学目标。

第二,分析使能目标。大学生从起点能力到终点能力(完成学习任务)的学习过程中需要多项知识和技能(子技能),每一个基础教学目标(使能目标)的完成都是为完成更高一层目标打基础的。以蛙泳教学为例,明确使能目标,有助于教师更好地组织教学活动,帮助大学生奠定扎实的学习基础。

第三,分析学习任务完成的条件。对大学生的学习任务完成的条件进行分析,以便在体育教学中为大学生的学习创造良好的教学环境与条件基础,帮助大学生更好地完成学习任务。

（三）体育教学内容分析

1. 文化背景分析

体育教学通常被误认为是运动技能的教学，而事实上，体育教学包含了所有跟体育有关的体育文化、精神、素养、能力、品质、规律，技能等的教学，大学生对体育运动技能的掌握只是体育教学的一个重要的教学目标之一，但体育教学的目标不仅限于此。通过体育教学应促进大学生的身心健康发展，促进大学生养成科学的体育观与体育运动锻炼习惯，并养成终身体育的意识与能力。在体育教学开始前，不仅要明确教学知识点（往往以技术掌握为主）、也要针对运动技术背后的运动项目的运动文化背景进行分析。

2. 优缺点分析

在正式的体育教学活动开展之前，教师必须对体育教学过程中所使用的体育教材内容进行认真分析，并明确教材内容的优缺点，这里的“体育教学教材内容的优缺点”具体是根据大学生对体育教学内容的认可程度，学习难度以及教学内容对促进大学生发展的有益性、价值等来进行评价的。应放大体育教学内容有利于大学生的体能、技能、智能发展的“点”，并展开教学组织，同时，找出教材的缺点和不足，进一步改进教材、丰富教学内容，优化教学过程。总之，体育教师只有全面了解和掌握教材才能设计出有效的体育教学方案。

3. 功能性分析

在大学体育教学设计中，全面分析体育教材的潜在功能，以及这些功能的运行环境和条件，有助于体育教师更好地把握教学过程。具体来说，教师应注意对体育教材内容的运动参与、运动技能、身体健康、心理健康、社会适应等功能的分析。

4. 适应性分析

教学内容的传授和实施需要一定的教学环境和条件支持，在体育教学设计中，教师应充分考虑教学内容实施的教学环境与条件要求，并提前做好场地、器材的教学准备，以及结合本地区的气候特点、地域特点开展相应的特色体育教学。

5. 时代性分析

大学体育教学的目标是培养适应现代社会发展的高素质优秀人才，在体育教学中，体育教学内容应与当前的时代发展特点、社会对人才的要求特点相适应。通过体育教学提高大学生的体质、体能水平，心理水平与社会能力，切实培养出符合社会要求的高素质、全面发展的人才。

（四）体育学习者（大学生）的分析

1. 一般特征分析

（1）生理特点分析

体育教学的身体实践性非常强，不同体育教学内容的学习对大学生的身体素质要求不同，在体育教学设计中应关注大学生的生理特点，不安排超出大学生生理承受范围的教学训练活动。

（2）心理特点分析

体育活动参与是伴随着一定心理活动的身体活动过程，分析与把握体育学习者的心理特点，有助于体育教师组织教学过程，提高教学的质量。具体来说，教师应关注大学生在体育教学活动参与中的个性特征，情感、情绪特征，注意力和意志力的发展等。

(3)社会特点分析

体育环境为运动者提供了一个良好的社会环境，学习者在体育活动参与中可以体会到不同的社会角色，也正因此，体育学习有助于促进大学生的社会化。要实现体育教学对大学生的社会发展促进价值，就必须重视大学生的社会特点分析，具有应从人际交往特点、社会行为特点、社会角色意识、团队精神和竞争意识等多方面分析大学生的社会特点，以科学的方法设计教学过程，更好地促进大学生的社会化发展。

2. 学习风格分析

(1)信息加工风格

信息加工风格主要分析大学生所喜欢的教学方法、教学媒体技术应用、教学模式组织、教学节奏等。

(2)感知感官运用

感知感官运用主要分析大学生体育学习中习惯用哪种感官接受知识，如更善于听讲解，还是看示范，或是喜欢通过本体感觉(阻力、助力)学习。

(3)感情需求

感情需求主要分析大学生在体育学习中关注的情感点，如更希望获得教师的鼓励与肯定，希望受到同学的认可等。

(4)社会性需求

大学生参与体育活动的社会性动机，是渴望交际还是获得运动成绩成就，或是受感于体育精神的感染、受体育健康观影响，注重终身体育知识与能力的培养。

3. 起点能力分析

(1)大学生的身体机能、身体素质、健康状况等。

(2)大学生的基础知识及技能。

(3)大学生的体育目标知识和技能。

(4)大学生的体育学习态度。

第二节　体育教学目标的设计

一、体育教学目标概述

(一)体育教学目标

体育教学目标是由大学体育目标、体育教学总目标、体育教学单元目标、体育教学课时目标组成的。

体育教学目标对体育教学过程的设计具有导向性作用，根据教育目标分类的对象和应遵循的原则，可以将教学目标分成认知、情感和动作技能三大领域。

（二）体育教学目标设计

基于对教学目标的认知，教学目标是教学活动主体的活动预期结果，教学目标设计是为了实现教学目标这一结果而对教学活动主体的活动的具体安排。

体育教学目标设计包括以下几方面内容。

第一，教学活动包括教师、大学生两个主体，体育教学目标设计包括对达成教师“教的目标”的“教的活动”的设计，也包括对大学生达成“学的目标”的“学的活动”设计。

第二，教学目标设计是对一节课、一单元或者一门课程教学活动的结果的设计。

第三，教学目标设计是对可预期、能切实达成的目标的活动设计，设计应具体、明确，具有可操作性。

二、体育教学目标的科学设计

（一）体育教学目标设计原则

1. 科学性原则

体育教学应遵循体育教学规律，体育教学目标设计也应遵循体育规律、教学规律、体育教学特点等，应建立在科学学科理论基础上进行教学设计。

2. 系统性原则

系统论是教学设计的核心理论基础，体育教学设计过程中，必须重视体育教学系统各子系统的有机结合，以保证体育教学系统的完整性和不断发展完善。体育教学目标是由若干个具体目标组成的完整系统，具体目标之间纵横有序，层次分明，教学设计中应注意正确处理各教学目标之间的关系，为实现教学总目标服务。

3. 准确性原则

体育教学目标的描述应是准确的，应能正确表述目标内容，以免教学设计过程中对教学目标理解有误，导致教学目标实现过程中产生偏差。

4. 灵活性原则

体育教学目标的设计只是一种构想，而体育教学实际情况是复杂多变的，体育教学目标具有多元化特点，教学设计者应根据大学体育教学实际情况灵活编制。

5. 发展性原则

体育教学目标的设计既要着眼于现有教学实际，又要放眼未来，能为大学生进入下一阶段的体育学习奠定基础，有利于促进大学生的可持续发展。

（二）体育教学目标设计程序

1. 分析教学对象

具体应分析体育学习者的学习需要、一般特点、起始能力和学习风格等。找出体育教学中出现的问题以及解决办法，确定学习者现状和目标之间的差距。

2. 分析教材内容

分析并确定体育教学内容的范围、深度、特点、功能，并明确各体育教学内容之间的关系，使教材内容更好地为实现教学目标服务。

3. 编写教学目标

一个完整的、明确的体育教学目标应包括教学对象、大学生的体育行为、确定行为的条件及程度四个部分。

4. 明确表述教学目标

教学目标设计者对体育教学目标的表述要尽可能用明确的语言，单元教学目标的陈述要尽可能的详细、具体，通过体育教学目标的设计，使大学生明确要学习的内容和应该达到的水平，便于学习者互评和自评。

第三节　体育教学策略的设计

一、体育教学策略概述

（一）教学策略

教学策略有广义和狭义之分。广义的教学策略包括体育教学活动中的所有计划和措施，不仅包括“教”的策略，还包括“学”的策略。狭义的教学策略仅仅是从教师的教学角度出发，是教师的“教”的策略的综合。

在体育教学中，教学策略是体育教师主观教学意图与想当然的教学对策，是从教学理念到教学实践的关键环节。教学策略在教学系统中的地位比较特殊，它不同于教学活动开始前的教学设计或教学方案，而是教学过程中的措施；也不同于教学手段、教学方法，后者更加具体化，教学策略的层级要更高。

（二）教学策略设计

教学策略的设计是体育教学设计的一个重要内容，通过教学策略设计，能为教师创造有特点的教学环境，以更好地促进体育教学活动的开展，有助于帮助教师顺利完成教学任务，达到良好的教学效果。

在大学体育教学中，体育教师对体育教学活动的整体协调对于各项体育教学活动的顺利开展具有非常重要的促进作用，便于教师对体育教学过程进行整体把控，能令体育教学的各个环节都最大限度地发挥教育作用。

二、体育教学策略的科学化设计

（一）体育教学策略设计原则

1. 差异性原则

体育教学策略设计的差异性表现在两个方面。

首先，体育教学策略设计应充分考虑不同大学生的个性差异所导致的学习特点对教学策略的不同适应。体育教学策略的设计是面向全体大学生的，但是不可否认和忽视的一个问题是，不同的大学生之间存在着个性差异。对于大学生来说，其在学习过程中所表现出来的身心特点、社会性特点不同，因此，教学过程中，并非每一个大学生都适合教师所设计的教学策略，这就使得教师提前设计的体育教学策略与教学实际活动的开展所产生的效果、教学适应性、大学生预期反应等会出现一定的偏差。

其次,体育教学策略的差异性还表现在师生思维的差异上。在体育教学实践中经常有这样的教学情况出现,即大学生无法严格按照自己的教学安排来进行体育锻炼,大学生会疑惑为什么教师要这样安排教学,这实际上是教师思维与大学生感知的差异性。在体育教学策略设计中,如果教师关注到师生之间的思维差异,就有助于师生更好地理解彼此,有助于师生的教学配合,进而可实现良好的教学效果。

现代体育教育提倡"以人为本",这就要求教学策略的设计要"以人为本",重视大学生的身心健康发展,在体育教学策略设计过程中应充分考虑不同大学生的差异性,通过科学的教学策略设计,灵活多变地组织教学活动,以促进每一个大学生在各自的原有基础上均能有所进步与发展。

2. 兴趣性原则

大学体育教学中,体育教师对教学策略的设计应为教学目标的实现服务。要促进体育教学目标的实现,就必须设计能有效激发大学生的学习兴趣和积极性的教学策略,使大学生产生学习的欲望,增进其体育学习内驱力。

3. 科学性原则

体育教学过程是一个科学的教学过程,体育教学策略的设计必须遵循体育教学规律,体现科学性,具体要求如下。

首先,在体育教学策略设计过程中,应注意体育教学内容的合理组织。教学策略设计的内容应逻辑清晰、层次分明,使大学体育教学内容的层次与大学生的学习程序有机结合起来。

其次,体育教学是一个实践性较强的教学过程,在体育教学策略设计过程中,教师应注意大学生的身体实践练习,在教学安排上,应能保证大学生重复练习,同时,关注不断或定期地练习新学的知识和技能能够促进记忆和迁移,不断提高大学生的运动能力。

4. 启发性原则

体育教学策略的设计应明确阐述教学目标,并尽量展示出大学生在学习结束后所应产生或完成的行为表现(事例),使大学生对需要掌握的知识技能有学习的方向性。

体育教学不仅是运动技能的学习、巩固、迁移、发展,也是体育精神和素养的培育过程,整个体育教学是一个教师引导大学生不断超越自我、认知自我、认识他人的过程。为了实现良好的启发性教学效果,真正促进大学生的发展,教师就必须从课堂环境、价值认同及行为约束等方面对体育教学进行设计,这是基于运动项目教学又超越运动技能传授的过程。

5. 指导性原则

体育教学策略的设计应具有一定的指导作用,在大学生尝试做出所要学习的行为表现时给予指导和提示。但需要特别提出的是,大学生具备一定的学习基础后应适当减少这种指导性,避免大学生过分依赖教师。

6. 创造性原则

体育教学策略的设计应能为大学生的进一步学习创造条件。重视体育教学设计的创新,这不仅能有效地挖掘教学资源和提高教学效率,从而实现体育教学的低耗高效,还可以为大学生创新意识和创造能力的发展营造氛围、设计空间。

对于大学生来说，在体育学习过程中，新知识的学习需要旧知识作基础，新的学习任务的完成必须建立在掌握和必备一定的知识技能的基础上，教学策略要能使大学生能在学习中获得成功，从而为大学生进一步的学习创造条件。

（二）体育教学策略设计程序

1.设计体育教学组织形式

体育教学组织形式是教师与大学生为实现体育教学目标所采用的各种方式，是实施体育教学活动的关键所在，对体育教学效果有重要的影响。

体育教学组织形式主要包括班级教学组织形式（或称全班教学）分组教学组织形式、个别教学组织形式和复式教学组织形式四种。结合教学需要选择其中一种，并就具体组织形式进行教学准备。

2.设计体育教学手段

体育教学手段设计程序如下。

第一，结合教学实际分析通过哪些教学手段可以达成教学目标。

第二，分析体育教学内容借助于什么体育教学手段，才能完成体育教学任务。

第三，根据教学对象（年龄、心理、体能基础、认知能力等）合理选择和设计教学手段。

第四，还要考虑大学生的兴趣习惯及发展需要等因素。

第五，针对大学体育教学实际选择和创造教学手段。

第六，教学中设计和选用教学手段时，不能脱离教学实际，应符合体育教学设计的基本原则。

3.设计体育教学方法

体育教学方法设计程序如下。

第一，了解相关的体育教育教学规律。

第二，充分考虑具体的教学目标和任务，教材内容的性质和特点，大学生情况，教师条件，教学条件等。

第三，分析教材内容及教学媒介。

第四，按照一定程序设计科学、合理、有效的体育教学方法。

第四节 体育教学媒体的设计

一、体育教学媒体概述

（一）教学媒体

教学媒体，也称教育媒体，是教学的辅助性物质基础设施。教学过程中，教学媒体是师生交换信息时承载和传递信息的工具。它主要包含语言、文字、动作示范等视觉要素和记录、储存、再现符号的实体要素，如图片，模型、电视、电影、录像、电脑模拟等都属于教学媒体的范畴。

教学媒体在现代教学中具有非常重要的作用，影响广泛，具体如下所述。

第一，影响课程与教学内容及其表现形式。

第二，影响着教师在教学过程中的作用，影响着师生关系。

第三，影响着教学方法和教学策略的选用。

第四，影响着教学组织形式。

第五，影响教学的发展，先进、科学的教学媒体可以扩大教学规模、提升教学质量、增进教学效率。

（二）体育教学媒体设计

体育教学容易让人产生体育教学就等于体育运动训练的认识误区。实际上，真正的体育教学必须以科学理论为指导，体育教学包括体育基础理论知识、体育文化知识的教学，这些内容的教学是体育教学中不可缺少的一部分，这些教学内容的教学开展需要和其他学科一样使用教学媒体。

与其他学科的教学一样，体育教学活动中，离开了教学媒体，教师与大学生之间的信息交换就会中断，也就无法构成体育教学活动。

现代教学媒体为解决传统教学所存在的一些问题创造了良好的条件，推动了教学理论与实践的发展，增强了现代体育教学的教育功能，但同时也为当前教学实践，尤其是教学物质基础提出了更高的要求，这是在体育教学设计中需要重点考虑的问题。

当前，以信息技术为基础的现代教学媒体，以其前所未有的特点影响着教学实践和教学理论的广度和深度发展。信息技术在体育教学中的应用也极大地促进了现代体育的高效化。

现阶段，随着现代技术的不断发展，在现代体育教学中，技术对教学内容和方法的影响较大，进而会影响到教学设计的最终形成。当前，科技已经在体育教学中大量应用，通过利用多媒体、交互性和对刺激呈现的控制而丰富任务环境，进而对认知能力的很大范围进行研究变得更加切实可行。技术提供的新能力包括直接跟踪和支撑问题解决技能、把大学生解决难题的行动过程可视化、建模和模拟复杂推理任务等。技术也使得对概念组织和大学生知识结构等方面进行数据收集，使得大学生参与讨论和小组项目表征成为可能。

针对上述这些明显的变化，体育教学已经从传统的课堂教学模式中走出来，信息技术促进了视频课程、网络课程的发展，针对这些新的变化，如果没有一定程度的教学设计，技术不会在本质上自动改进教育。一些最有魅力的技术应用拓展了可以呈现的问题本质和可以被评估的知识和认知进程。

在未来，科学技术在教学中的应用将会更加明显地显现出来，这有助于教学理念在教学实践中更加准确地体现。

二、体育教学媒体的科学化设计

（一）分析教材内容与大学生特点

在进行体育教学之前，教师要认真研究教学大纲（课程标准），确定体育教学目标、教学基本要求，教材体系范围与深度，明确体育教材的重点与难点及其前后的联系。此外，教师要全面了解大学生的知识基础、身体健康状况、认知能力、运动能力水平等情况。

对体育教材内容和大学生特点进行分析，有助于教师明确教材内容的最佳展示方式，明确大学生的认知特点，可以据此有针对性地选择相应的教学媒体来更好地展示教学内容，激发大学生的不同感官理解与吸收教学内容。

（二）分析教学媒体的类型与特点

不同的教学媒体具有不同的特点，适用于不同的教学内容展示与教学环境创设，在选用设计教学媒体时，应首先分析教学媒体的类型与特点，这样才能使教学媒体设计的更具针对性。

1. 视听教学媒体

视听教学媒体包括视觉教学媒体和听觉教学媒体两大类，二者充分利用教学活动过程中的师生不同的感官传递教学信息，在教学中各有优势。

2. 多媒体（CAI）教学技术

可演示各类多媒体教学课件，开展计算机辅助教学，播放录像、VCD、DVD 等教学视频，具有可嵌入度以及良好的交互性能，能使教师的教学更加形象和生动，故相比于传统的教学形式而言，教学效果良好。

3. 计算机网络教学

网络技术的产生促进了体育教学的虚拟化和多媒体教育网络和课程与教学网络的出现，它集文字、图形、声音、影像等为一体，能将各种不同的媒体信息有机地集成在一起，形成多媒体演播系统，具有良好的交互性能，为大学生的虚拟模拟技能练习提供了便利，同时，还有助于教育资源的整合，使全校、全国、全球的教学资源能实现共享，方便大学生学习。此类教学有校园网互动教学、网络公开课、慕课、在线教学等。

4. 移动通信教学

基于移动通信技术而开展的教学，有微信公开课、基于小程序的教学等。目前，此类教学媒体在教学实践中还处于尝试阶段，其教学可行性与效果还需要进一步实验论证。

（三）灵活应用各种教学媒体

现代教学媒体种类多样、内容丰富，在体育教学中，教师应在分析与把握不同教学媒体技术的基础上，结合教学实际，灵活运用各种教学媒体，以最大限度地发挥各教学媒体的教学信息传播作用，促进师生教学活动的顺利开展，创设良好的教学环境。

（四）教学媒体与教学的整合

体育教学活动是开放性的活动，教学过程受多种内在和外在因素的影响，情境创设是教学设计的最重要内容之一。

不同的教学媒体在教学应用过程中具有不同的特点与优点，在创设学习情境方面具有自己的优势，但如果教学情境的设计过于牵强、泛滥，会令大学生感到无趣、无效、虚假、烦琐。因此，教学媒体与体育学科教学的整合，应保证情境创设的真实性或生活性，不能单纯为了追求教学创新而应用不合适的教学媒体。

此外，在体育教学中要充分发挥不同教学媒体的教育功能与作用，必须做到教学媒体与体育教学中的“教”与“学”的活动的有机结合。一方面，教学媒体选用应支持“教”的内容的完全展示，促进教师的讲解、示范和帮助大学生理解，另一方面，教学媒体的选择应用应支持“学”的特征，利用 CAL、CSCL、在线讨论、在线答疑等，利用必要的学习资源，促进师生、生生交流，通过各种教学工具和学习工具完成知识建构。

第五节　体育教学过程的设计

一、体育教学过程概述

（一）体育教学过程

教学过程，具体来说是教师根据一定社会要求和大学生特点，指导大学生有目的、有计划地掌握学科知识和技能，实现身心全面发展的过程。

体育教学过程含义如下。

第一，体育教学过程是体育教师的“教”和大学生的“学”组成的双边活动过程。

第二，体育教学过程是一个动态过程，体育教学过程会受到各种内在与外在、主观与客观因素的影响。

第三，体育教学过程是师生以身体练习为重要媒介的交往实践过程。

（二）体育教学过程设计

体育教学过程设计就是按照现代系统论的观点，把体育教学各环节的设计进行优化组合，它为最佳体育教学完整方案提供了思路。

在现代体育教学中，一般来说，体育教学设计对教学过程的表述是采用类似于计算机流程图的形式进行的。这种方式能直观展示整个体育课堂活动中各个要素之间的关系、比重；教师可以根据学习者的不同反应做出相应的教学处理，灵活性大，目的性强。

二、体育教学过程的科学化设计

（一）体育教学过程的设计原则

1. 主导性原则

整个体育教学过程中，体育教师起着主导作用。传统的体育教学过程中，体育教师的主要任务是通过讲解传授知识，教师更多地表现为对教学过程的“主宰”。随着现代科学技术在课堂教学中的应用以及课堂教学改革的不断深入，教师的作用除了进行信息编码、讲解内容之外，最关键的是要在课堂教学中起主导作用，“主导”不同于“主宰”，教师在体育教学过程中不是单纯灌输知识，而是重视对大学生的正确、合理引导，引导大学生掌握知识内容。

2. 主体性原则

大学生是体育教学的教学主体，在体育教学中发挥着十分重要的作用。对于体育教学来说，在教学中应充分尊重大学生，结合大学生的特点来安排具体的教学内容、教学方法、教学媒体，整个教学过程安排应符合大学生的认知规律和学习特征。

在体育教学过程中，教师应注重大学生的学习兴趣的激发，通过合理的教学安排充分发挥大学生的学习积极性，让他们有更多的课堂参与机会，促进师生有效沟通交流，使他们不仅“学会”，更重要的是“会学”。

3. 规律性原则

体育教学过程设计的规律性原则，简单来说，就是体育教学过程设计应符合体育教学的一般规律。

体育教学应遵循体育规律、教学规律、大学生认知规律等规律，在这些规律科学指导的基础上合理安排教学过程。体育教学中大学生作为教学主体，教学过程应尊重大学生的学习认知规律，以此为例，学习理论是心理学家探讨学习规律、特征的理论，对教育者了解教学过程中学习者的特点与过程发展具有重要的指导作用。在设计体育教学过程中，只有符合大学生特有的认知要求，才能获得有效的教学效果。

4. 方法性原则

体育教学过程设计的方法性原则要求体育教学过程设计应重视体育教学方法的科学安排，关注不同的体育教学方法的选用所可能产生的不同的教学效果。因此，在教学过程的设计中应有选择地对体育教学方法进行取舍，选取最适合教学内容表达、更容易被大学生接受和激发大学生兴趣的教学方法，如此才能充分发挥相应的体育教学方法的教学促进作用，也才能促进各个体育教学活动环节的顺利开展，实现良好的体育教学效果。

此外，设计体育教学过程应考虑整个教学系统的构成要素，应该结合体育学科特点和学习内容、教学目标、大学生的特点及选用媒体的特点选择相应的体育教学方法。

5. 媒体优化原则

体育消息媒体合理、科学应用对体育教学过程的顺利开展和良好体育教学效果的实现具有非常重要的作用，是体育教学中非常明确的一点，体育教师在设计教学过程的过程中，应注意体育教学媒体的使用及其优化。

在现代化体育教学实践中，任何一种体育教学媒体都不足以支撑整个体育教学过程，体育教学媒体的运用要考虑各种媒体的优化组合。不同的体育教学媒体在体育教学中发挥着不同的作用，彼此之间可实现功能互补，就像人体各部分器官虽然分工明确，各司其职，同时又是为一个整体服务，教学媒体系统功能的充分发挥也是通过多种媒体组合后形成的优化结构来实现的。在体育教学过程设计中，应灵活运用各教学媒体，使各教学媒体各施所长，互为补充，相辅相成，共同促进整个体育教学过程的优化，促使教师和大学生都能顺利完成“教”的任务和“学”的任务。

(二)体育教学过程设计的表现形式

目前在体育教学中，对体育教学过程的设计主要有以下三种表现形式。

1. 练习型

整个体育教学过程以大学生的身体练习为主。教学中，运用教师示范和教学媒体的内容展示，为大学生提供运动动作的路线、结构、动作要领等，帮助大学生理解具体的技术动作，并通过真实的大学生身体练习发现问题，纠正问题后再练习，最后对大学生的动作技术掌握进行评价并指出改进意见和建议。

2. 示范型

示范教学法同样是以身体活动为主要形式的教学过程设计与组织，在运动类的体育教材内容中，示范是体育教学过程设计的必要手段和重要途径。

与重“练习”的教学过程不同的是，示范型体育教学过程设计在“示范”上花费的时间和精力是非常多的，这种教学过程设计通常用于复杂的体育运动技能的学习的前一次课中。

3. 探究型

探究发现型主要适用于在体育教学中组织大学生观察、思考，探究原因、寻找规律等，如某次体育教学课的主要教学任务是某一动作技能的结构或原理的认知、理解、掌握，通过对教学过程中的“探究”设计，可有效激发大学生学习的主动性，培养大学生发现问题、探究问题、解决问题的能力。

第六章　大学体育教学过程与评价的革新

第一节　大学体育教学过程的优化发展

一、体育教学过程的概念

体育教学过程是为实现体育教学目标而计划、实施的，使大学生掌握体育知识和运动技能并接受各种体育道德和行为教育的教学程序。这个程序具有学段、学年、学期、单元和课时等不同时间概念。

二、体育教学过程的性质

（一）大学体育教学过程是大学生对运动技能进行掌握的过程

从本质上来讲，体育课程的教学就是在身体练习不断反复开展的过程中，使大学生能够对运动技能进行掌握，同时，在对运动技能掌握的前提下在接受其他方面的养成教育，同体育课程不同，其他学科的教学过程实际上就是，使大学生对概念进行识记，并且对推理、判断等思维方式进行应用，对科学知识进行掌握，同时使大学生的智力得到发展。因此，人民可以将大学体育教学过程理解为大学生对运动技能进行掌握的过程。

（二）大学体育教学过程是使大学生运动素养提高的过程

对运动技能进行掌握的前提就是使运动素质得到提高，同时，还要使大肌肉群的运动素质得到有效提高，运动技能与运动素质提升之间存在互相促进的关系。所以，大学体育教学过程可以理解为是使大学生运动素质得到不断提高，且以此能够使大学生体能得到增强的一个过程。在大学体育教学活动开展的过程中，在重视大学生掌握运动技能程度的同时，还应该对大学生运动素质的提升给予一定关注，并且，在对大学体育教学进行设计，对大学体育教学进度进行安排，对大学体育教学内容进行选编的过程中，将运动技能与运动素质的提高紧密地联系在一起，保证二者的协调发展。

（三）大学体育教学过程是知识学习、运动认知的形成过程

体育学科作为一门综合性课程，包含了自然学科与人文学科。在大学体育教学活动开展的过程中，不仅强调大学生对运动技能的掌握，还会组织、安排大学生对其他知识进行学习，获得一定的运动认知。在某些时候，这也是运动技能掌握与运动素质提高的重要前提条件。所以，大学体育教学过程也是对体育知识与运动认知进行掌握的过程。

体育是涉及人文学科和自然学科的一门综合性课程，在以掌握运动技能为主的大学体育教学过程中，也会涉及大学生对许多知识的学习和运动认知的获得，有时，这也是掌握运

动技能和提高运动素质的基础。因此,大学体育教学过程也必然是一个掌握体育知识和运动认知的过程。

(四)大学体育教学过程是集体学习与集体思考的过程

大学体育教学的形式主要以“集体学习”和“小集体学习”为主,所以,也应该在集体性学习过程中完成体育技能的学习。此外,现阶段的大学体育教学目标也是更加倾向于大学生的集体学习,旨在使集体教育的潜在作用能够得到充分的发挥。同时,在大学体育教学中,集体性学习与集体性思考能够使教师与大学生之间、大学生与大学生之间的沟通和互动得到加强,同时,还能够促进大学生社会适应能力与社会交往能力的培养,所以,对于大学体育教学过程,也可以认定为是开展大学生集体性学习与集体思考的一个过程。

(五)大学体育教学过程是对运动乐趣进行体验的过程

从生理学的角度上来讲,大学生体育学习的过程是一个充满汗、累和苦的过程,是对大学生身体实施生物学改造的过程,同时,从身体与心理方面对运动固有乐趣进行体验的过程。这种乐趣体现了体育运动的生命力,同时是大学体育教学的重要内容与目标,还是对大学生体育参与意识进行培养的重要手段与途径,是终身体育运动开展的前提条件,所以,对于大学体育教学过程,我们可以理解为是大学生对运动乐趣进行体验的一个过程。

三、体育教学过程存在的主要矛盾

在体育教学过程中,主要矛盾分别是:第一,体育教师的教与大学生的学之间存在的矛盾;第二,体育教师同教材之间存在的矛盾;第三,大学生同教材之间存在的矛盾。在这三对矛盾中比较显著的就是体育教师的教与大学生的学之间存在的矛盾。

在大学体育教学过程中,体育教师与大学生是两个重要的主体性因素,因而构成了体育教师的教与大学生的学之间双边互动的矛盾关系,并且在大学体育教学过程中,这一矛盾是始终存在的,同时,还能够对其他矛盾的存在与发展起到一定的支配作用,从而作为原动力,促进大学体育教学过程的发展。

四、体育教学过程的功能

大学体育教学过程从根本上来讲,就是认识与实践之间统一、协调发展的一种活动过程,这一过程的最终目标在于,使大学生的全面发展得到促进,换句话来讲,大学体育教学过程的主要功能在于使大学生身心诸方面的和谐发展得到促进。对于大学体育教学过程的功能进行全面的认识与开发,能够使大学体育教学成为有效途径,以促进大学体育教学目标更好实现。大学体育教学过程的功能主要在以下几个方面的内容中表现出来。

(一)体育教学过程的教育功能

在体育教学开展的过程中,不仅能够增长大学生的知识,使其能力得到全面发展,还能够熏陶、改变大学生的思想情感、道德品质与精神面貌。在体育教学中,教师应该将教书与育人自觉地统一起来,充分发挥体育教学过程的教育功能,促进大学生思想品质与道德素养的发展。

（二）体育教学过程的知识传递功能

体育教师通过体育教学过程的开展，能够系统地向大学生传递科学文化知识与基本技能技巧。体育教学过程实际上就是对大学生有目的、有组织、有计划进行培养的一个过程，因此，体育教学过程能够高质量、高效率的发挥知识传递功能。

（三）体育教学过程的智能培养功能

在知识传授与技能形成的统一发展过程中，智能培养得以实现。智能培养把知识与技能凝结成互相促进、互相依存的统一体。首先，智力活动的主要内容就是知识；其次，对知识进行学习与应用的活动，本身就能够实现智力的锻炼与能力的培养；最后，形成技能可以使智力活动过程得到很大的简化，使智力活动水平的提高更加迅速、更加经济、更加有效。

（四）体育教学过程的审美功能

作为教学艺术与教学手段，"美"的因素始终存在体育教学过程中，存在于体育教学活动的各个方面。在"美"的多样形式下，大学生可以顺利吸收"教"所要传递的各种各样教育信息，同时，获得教学美的体验与享受，消除紧张学习导致的疲劳，促进一定审美趣味、审美观念与审美能力的形成。

（五）体育教学过程的发展个性功能

发展个性的主要内容是对知识进行传授，对智能进行培养，促进技能的形成。在原有生理条件与经验背景的基础上，每一个大学生都有可能会形成独有的知识、智能结构与技能，同时能够对自己新的知识体系进行构建，从而为个性发展创造良好的条件。

体育教学过程还受到其他几个方面内容的影响，即身体素质的健全，态度、情感、动机、意志、品德、思想、价值体系等方面的培养。这几个方面的内容能够对大学生个性发展起到决定性作用。

五、与体育教学过程有关的概念

（一）体育教学过程与体育教学原则

许多教学论著作中的教学原则，实际上就是教学过程的原则，由此可以看出，体育教学过程和体育教学原则之间存在的关系是非常密切的，但体育教学过程与体育教学原则又是不同的概念。它们之间的联系主要体现在：第一，体育教学原则是体育教学过程实施的基本要求。第二，体育教学原则是体育教学过程优化的基本内容。第三，体育教学原则在体育教学过程的各个层次中始终存在。

（二）体育教学过程与体育教学模式

体育教学过程结构的体育教学模式实际上就是单元和课时，是本着某种体育教学指导思想设计的教学过程类型，体育教学过程与体育教学模式是"抽象"和"具体"的关系。因此可以说，那些具体的、有特色的、长短不一的体育教学过程设计以及其中的方法体系就是体育教学模式。

（三）体育教学过程与体育教学设计

从本质上来讲，体育教学设计就是体育教师构想与安排体育教学过程，而体育教学设计是包含在体育教学过程中的工作。

(四)体育教学过程与体育教学计划

所谓的体育教学计划,主要是指体育教学过程的设计方案,人们对它的理解,通常是存在于纸上的体育教学过程。对于体育教学过程与体育教学计划而言,二者是一一对应的关系,例如,如果有学期体育教学过程,那么就会存在学期体育教学计划;如果有单元体育教学过程,那么就会存在单元体育教学计划;如果存在学时体育教学过程,那么就会存在学时体育教学计划;等等。

(五)体育教学过程与体育课堂教学

体育课堂教学是教学的场景,通常指一个课时的体育教学,也是作为时间基本单位的体育教学过程。而体育课堂教学的各项因素同体育教学过程之间存在十分紧密的联系,都是体育教学过程的主要构成因素,同时,也是对体育教学过程进行观察的最佳视角。

六、体育教学过程的动态与静态分析

(一)体育教学过程的动态分析

在对具体的过程与阶段进行安排与应用的时候,应该从不同的教材内容、教学目标、环境条件与大学生特点等方面进行考虑,保证体育教学过程与体育教学阶段安排与应用的灵活性。

(二)体育教学过程的静态分析

1.体育教学系统的构成要素

在对体育教学过程进行分析时,可以应用整体性观点,首先,将体育教学作为一个完整的系统进行考虑,而整个体育教学系统的构成主要是很多互相练习的部分或要素。

2.现代体育教学过程的本质

(1)体育教学是交往的一种特殊形式

在对人的本质进行分析的过程中,通过社会这个媒介,人的本质才能够得到展现,而只有交往的存在,才能够在一定程度上促进社会的运行与发展。

从本质上来讲,体育教学过程就是一个教师和大学生之间互相作用的过程,一旦不存在这样互相作用的关系,那么也就不存在体育教学活动,换句话说,体育教师与大学生之间有一种特殊的社会关系存在,因此,他们间的互相交往也是一种特殊的形式。

(2)师生间的主客体关系由对话构成

体育教学属于一种特殊的师生交往过程,主要表现形式是对话,而双方之间的对话使教师与大学生之间的特殊关系得以构成。在存在的特殊关系中,教师与大学生都将对方看作是教学目的达成、教学目标实现的合作者,而不是一个对象。通过对话的形式,人与人之间的互相交往、沟通更加和谐,如此一来,教师与大学生之间的关系也就发生改变。在基础教育课程改革与体育新课程改革中,已经明确教师与大学生间关系的变化趋势。

3.体育教学过程的规律

所谓的体育教学过程的规律,主要指的是在体育教学的过程中或者是现象之间会有本质的、必然的联系存在，而这种练习能够将体育教学发展的特点体现出来。由于体育教学过程中存在许多的构成要素，并且这些要素之间还存在特别复杂、广泛的联系，所以，体育教学规律就不是单一的，这也是同其他现象规律的不同之处；体育教学规律也不会像其他规律一样，直接地展现出重复有效性；生物学刺激具有十分明显的反应规律，而体育教学是同人的身心发展相适应并促进的。

(1)动作技能形成的规律

体育教学的最终目的是使大学生对一定的运动技能进行学习并掌握。而事实上，掌握运动技能的过程并不是单纯地从不会到会，从不熟练到熟练的发展过程。动作技能的形成会经过三个阶段，粗略掌握动作阶段、改进与提高动作阶段、巩固与熟练运用动作阶段。

(2)动作技能迁移规律

从学习理论的角度上来讲，迁移是指一种学习情境对另外一种学习情境产生的影响。而这里所说的动作技能的迁移，就是指已经形成的动作技能对于所学习的新动作技能存在的影响。如果存在的影响是积极的，那么会把这种具有促进作用的迁移称作是正迁移；如果存在的影响是消极的，那么就会把这种带有负能量的迁移称作是负迁移。

在体育教学开展的过程中，迁移的现象是普遍存在的，同时，迁移规律对于体育教学过程还存在一定的影响，尤其是对于动作技能形成的影响更加明显。如果不通过迁移，就不能够进一步地熟练、检验与充实已经形成的动作。迁移作为重要的环节，可以促使从掌握知识与技能向形成能力过渡，因此，为了迁移而开展教学的思想被人提出。

(3)人体机能适应性规律

在体育教学开展的过程中，大学生积极地参与身体活动并反复练习，长此以往，由于体能的消耗导致身体疲劳与身体技能水平下降的情况出现，事实上，疲劳的过程也会是使恢复得到刺激的过程，能够促进能量储备的加强，通过超量恢复得以使机体的适应能力得到提高。

因此，在体育教学开展的过程中，大学生要承担一定的负荷刺激，使新陈代谢与机体能力提高的过程得到促进。在开展体育教学的时候，为了能够使大学生的机体能力得到提高，使健康得到增进，最应该要做的就是合理安排负荷和休息。由于运动负荷的大小与人体新陈代谢能力的不同，超量恢复也会出现一定的改变，在一定的范围中，如果肌肉存在较大的肌肉活动量，那么也就会存在激烈的消耗过程，进而就会出现更加明显的超量恢复，而一旦产生了机体适应性的变化，那么大学生的体质也会有所改善。

①工作阶段

在这一阶段，大学生承担一定的运动负荷，即身体练习的强度与量，对机体的潜在能力进行动员，加强身体内部的异化作用，将会消耗掉能量储备。

②相对恢复阶段

在这一阶段，经过了休息与调整以后，身体的各项机能指标向工作之前的水平恢复。

③超量恢复阶段

在这一阶段，通过能量的补偿与合理的休息，物质储备与能量储备远远多于原本拥有的水平，进而使机体的工作能力得到了提高。

④复原阶段

如果经历的间歇时间较长的话，那么就会失去超量恢复阶段的效果，导致机体的工作能力慢慢降低到原本水平。

（三）大学体育教学过程优化分析

体育教学过程中会同许多的要素相联系，对体育教学过程包含的三个要素观念表示赞同，因而，在对体育教学过程的优化问题进行分析的过程中，主要通过对教师、大学生、教材等几个方面的分析来进行探讨。

1.优化体育教师

在整个体育教学活动开展的过程中，可以使体育教师的主导作用得到有效的发挥。在体育教学中，体育教师是教学的主体，发挥着主导的作用。通过对体育教学过程展开动态分析可以得知，教师的主导作用主要会在三个阶段体现出来，即体育教学的准备阶段、体育教学的实施阶段与体育教学的反思阶段。

（1）体育教学的准备阶段

在体育教学的准备阶段，体育教学方案得以形成，是指按照体育教学的理论与实际条件安排、规划、确定体育教学过程、体育教学目标与体育教学评价等。对体育教学方案进行优化设计，能够保证体育教学整个过程的优化。

（2）体育教学的实施阶段

体育教学的实施阶段事实上就是对体育教学进行管理、组织、实施的阶段，同时也是体育教学目标与体育教学方案具体执行与实现的过程。体育教学的实施阶段是体育教学过程的重要组成部分之一，在这一阶段中，体育教师承担着很多方面的任务，例如，使大学生的学习动机得到调动，使大学生的学习过程得到指导与组织，等等。这一阶段也是对体育教学过程进行优化的重点内容。

（3）体育教学的反思阶段

体育教学的反思阶段，主要是指评价与反馈体育教学效果的过程，在这一过程中，需要对体育教学效果进行检查与评估，同时，这一阶段也是体育教学过程的最后一个步骤。体育教学评价的开展，能够使体育教学活动是否达到体育教学预期目标的问题从实际效果上得到解答，同时，还能够将基本的反馈信息提供给下一个体育教学过程。对体育教学效果进行科学的、合理的评价，不仅仅是体育教师的重要责任，同时还是优化体育教学活动的客观要求。

2.优化大学生

在我国的国家基础教育改革中，以大学生为主体的全新教育理念被提出。在体育教学活动开展的过程中，大学生是主体，具体来讲，大学生自身的主体性能够得到发挥，同时，其主体性就是整个主体结构的表现功能。所以，在体育教学开展的过程中，大学生的主观能动性应该得到发挥，对体育教学内容的选择进行参与，使体育锻炼与学习的动机、兴趣与愿望得到体现，通过体育练习活动的开展，能够使大学生的运动能力、运动经验与运动技能储备等得到发展。在体育教学实践活动开展的过程中，只要大学生的主动性、创造性与独立性得到全面的发展，就能够保证大学生对体育知识、体育技能有所掌握，使其自身的能力得到发展，促进合理主体结构的形成。

3. 优化体育教学内容

(1)保证全面性的体育教学内容

体育教学主要目标是使大学生的全面发展得到培养，为其将来接受更高层次的教育建立良好基础。所以，应该将体育锻炼方法、体育科学知识与体育价值观念等多个方面的内容紧密地联系在一起，只有保证体育教学内容的全面性，才能够为日后大学生的全面发展创造有利条件。

(2)保证基础性的体育教学内容

体育教学的内容，主要会在以下几个方面表现出基础性，即使大学生的正常生长发育得到促进，保证大学生身体素质与运动能力的全面发展，保证获得扎实的体育知识与体育技能，促进良好体育锻炼习惯的养成，创造终身体育运动的重要条件。

(3)保证活动性的体育教学内容

体育教学内容是大学生开展学习活动的主要材料，大学生通过主体活动的完成，掌握了体育教学内容。体育教学内容的设计应该保证能够促进大学生主体活动的开展，使大学生的体育学习兴趣得到培养，也就是说体育教学内容应该是整体性的规划，主要从大学生的思维、观察、体验、练习、互动与探索等方面出发。

4. 体育教学过程的控制、管理与评价

体育教学过程的控制、管理与评价，应该从体育教学目标与体育教学效率等指标出发，并且保证在控制、管理的过程中做到有组织、有目的、有计划地开展，同时还要对体育教学速度、体育教学时间等因素进行综合考虑，争取在体育教学开展的过程中，在较低消耗的情况下，取得理想的体育教学效果。

总而言之，在对体育教学过程进行优化的过程中，应该同教师教学活动的科学组织与大学生学习活动的有效开展紧密联系在一起，科学组织体育教师教与大学生学的双边活动，同时，对于体育教学的规律、体育教学方法、体育教学模式、体育教学的内部条件与外部实际条件要全面地进行考虑，从既定目标出发，使体育教学过程的有效作用得到发挥，促进最佳体育教学效果的实现。

第二节　体育教学评价的改革创新

所谓的体育教学评价，主要是指在体育课程中一般性教学评价的具体应用，同时也是体育课程教学的重要环节。要卓有成效地开展体育课程教学工作，真正实现提高大学生综合素质的目标，就必须在实际教学中贯彻新的教学理念，利用新的教学方式和丰富的、与实际社会生活相配套的体育课程内容来进行教学，而所有这些都需要有与之相对应的教学评价配合。因此，只有对当代体育课程的教学评价有较深入的了解，树立全新的教学评价观，充分发挥其在体育课程教学中的向导作用，才能更好地促进新课程改革背景下体育课程的教学工作。

一、体育教学评价概述

（一）教育评价

评价是客体对主体需要被客体满足程度的一种判断，属于价值活动。通过评价，使大学生不断地学习、进步、成功，对自我充分认识，使能力的全面发展得到促进；根据反馈的信息，教师可以进行适当的调整，并且使自身的教学能力得到提高。根据大学生情况改善教学管理方式。

评价所涉及的范围很广泛，主要是指在教学目标和标准的基础上对大学生和教师进行具体调查，改进评价优缺点。可以粗略地将教育评价分为：大学生评价、教师评价、教学评价、课程评价、学校与教育机构评价、教育政策与教育项目评价等。

（二）体育教学评价的概念

所谓的体育教学评价，主要是指从体育教学目标与体育教学的原则出发，判断、评估体育教学的过程，以及所取得的成果。从体育教学评价的概念中可以得知，它主要将三个基本的含义包含其中。

1. 体育教学评价的开展需要从体育教学目标与体育教学的原则出发

体育教学目标作为一种评判依据，可以测试体育教学预先设定的成果是否已经实现，预期的任务是否已经完成；而体育教学的原则作为一种评判依据，可以测试体育教学开展的合理性，及其能够满足体育教学的基本要求。

2. “体育‘教’与‘学’的过程和结果”是体育教学评价的对象

体育教学评价主要将体育教学过程中的受教育者——大学生作为重点对象，主要包含了对大学生学历水平与品德行为的评价；此外，体育教学评价也会评价教师的教学，主要包含对教师教学水平与师德行为的评价。

3. “价值判断与量评工作”是体育教学的工作内容

“价值判断”属于质性的评价，一般是指体育教学方向的正确与否与体育教学方法是否恰当进行评价；“量评工作”属于量性的评价，一般是指对可以量化的学习效果进行评价，例如，身体素质的增长，掌握技能的数量，等等。

（三）体育教学评价的结构与评价内容

1. 体育教学评价基本构成的四个要因

对于体育教学评价而言，其结构的基本要因是“为什么评”“谁来评”“评什么”“怎么评”这四个基本问题。

2. 体育教学评价的结构

（1）教师对体育学习过程做出的评价

在体育教学评价过程中，比较传统的评价方式就是体育教师对学习过程做出的评价。在此种评价方式中，经验丰富的教师是主体，而体育教学过程与参与其中的大学生就是评价的主要对象，之所以将它们作为评价的对象，主要是因为他们能够将体育教学效果反映出来。所以，此种评价方式一直以来都被人们所关注。此外，教师对体育学习过程做出的评价又存在两种不同形式，即在体育学习过程中，教师对大学生进行的激励评价；当体育学习过程结束以后，体育教师评定大学生的体育成绩。

(2)大学生对体育学习过程做出的评价

在新的教育理念与新的《体育与健康课程标准》中都对一种评价方式给予了重视，并积极倡导，那就是大学生对体育学习的过程做出的评价，此种评价方式主要包含体育教学过程的评价与体育教学效果的评价。评价形式主要有两种，即大学生与大学生之间的互相评价，大学生的自我评价。并且，这两种评价方式，对于大学生形成民主素养是有一定帮助的，同时，还能够在评价的实践中，使大学生对自身民主权利正确行使的能力与对事物进行观察、对问题进行分析的能力得到不断培养与提高。然而，在应用此种评价方式的时候，应该要考虑大学生的年龄阶段问题，年龄较小的大学生不能够应用此种评价方式，人们在对大学生的评价给予强调与重视的同时，还要注意不能完全依赖大学生的评价。

(3)大学生对体育教学过程做出的评价

现代教育理念中比较重视与强调的评价方式就是大学生对体育教学过程做出的评价，此种评价也包含了两个方面的内容，即体育教学过程的评价与体育教学效果的评价。同时，还存在两种类别的评价形式，不仅有体育学习过程中，大学生对教学的随时反馈，还有大学生参与的相关评教活动。

(4)教师对教学过程做出的评价

教师对教学过程做出的评价，其目的是使体育教学质量得到不断提高，一般也包含两种评价形式，其一是教师对自身教学情况做出的自我评价，其二是教师与教师之间的互相评教活动，二者之间均存在正式的形式与非正式的形式。从人员角度来讲，有个人的、体育组内的、校内督导的评价形式；从时间角度来讲，有平时的评价与集中性的评价等形式。

(5)其他评价

主要指的是非教师与大学生对体育教学做出的评价，例如，大学生体育学习家长做出的评价、体育教学家长教师联合会做出的评价等，这两种形式都是其他评价。但是，此种评价方式只能起到一定的参考性与辅助性作用，这主要是因为此种评价形式的主体并不是体育专业人员，并且他们没有参与在体育教学过程。

(四)体育教学评价的功能

1.导向功能

由于不同的评价标准会得出不同的评价结果，因此评价标准像一根“指挥棒”一样起着导向作用。评价之后的反馈指明了体育教学决策与改进的方向，如果做法获得肯定，那么在体育教学过程中将会对其进行强化；如果做法被否定，那么就需要对其进行纠正与改变。

2.诊断功能

通过体育教学评价，体育教师对体育教学的质量可以进行科学的、客观的鉴定，了解体育教学的成效和问题。体育教学评价就像是体格检查，能够科学地、严谨地诊断出体育教学的现状。全面性的体育教学评价，能够对大学生成绩实现体育教学目标的程度进行评估，同时还能够帮助教师对大学生学习困难的症结所在进行诊断，并且对大学生学习进步的提高有一定促进作用。

3. 调控功能

体育教学评价的最终结果是将反馈信息传递给体育教师与大学生，使他们能够及时了解教与学的情况，为体育教学活动内容与形式的调整提供根据。根据体育教学评价的最终结构，教师可以对体育教学计划进行修订，对体育教学方法进行改进，而大学生可以对学习策略进行调整，对体育教学方式进行改变。体育教学评价可以促进体育教学过程的反馈与调节向随时可以进行的可控系统的转变，使体育教学活动越来越接近预期目标。

4. 激励功能

在体育教学的整个过程中，体育教学评价发挥的是监督与控制作用，是一种对体育教师与大学生的强化与促进。通过体育教学评价，能够将体育教师的教学效果与大学生的学习成绩反映出来，激励体育教师的工作热情与大学生的学习动机。如果体育教学评价是科学的、合理的，那么就不但能够使体育教师与大学生获得心理满足与精神鼓舞，而且能够激发体育教师朝着更高目标努力的积极性；即便是较低的评价也能发人深思，使体育教师与大学生的奋进情绪得到激发，使推动作用与促进作用得到发挥。这是因为这种反馈激励对于体育教师与大学生自我的认清存在一定的帮助，进而使体育教学质量得到提高。应该有效利用体育教学评价的激励功能，对大学生开展正面鼓励，避免大学生积极性受到伤害。在日常评估时，尽量避免大学生之间的比较，要帮助大学生设定个人进步目标，使他们在每次参与身体活动时，充分感觉到自身的进步。

二、体育教学评价的种类

（一）体育教学评价的分类标准

1. 根据不同的评价基准进行分类

如果根据不同的评价基准对体育教学评价进行分类，就可以分成自身评价、绝对评价与相对评价三类。

2. 根据不同的评价功能进行分类

如果根据不同的评价功能对体育教学评价进行分类，就可以分成总结性评价、形成性评价与诊断性评价三类。

3. 根据不同的评价内容进行分类

如果根据不同的评价内容对体育教学评价进行分类，就可以分成过程性评价与结果性评价。

4. 根据不同的评价表达进行分类

如果根据不同的评价表达对体育教学评价进行分类，就可以分成定量评价与定性评价。上述的几种评价方式都存在不同的功能，且每一种评价方式不仅仅存在自己的优势，还存在自己的不足。在评价体育教学设计方案的时候，应该按照体育教学实际的目标与需求选择适当的评价类型。

（二）体育教学的评价种类

1. 体育教学的绝对评价

体育教学的绝对评价，主要是指按照体育教学的目标评价体育教学的设计方案、教与学的成果。此评价形式在被评价的集合与群体之外建立了体育教学评价的基准，针对某种指标对集合或者群体中的每一个成员同基准进行逐一对照，进而对其优劣进行判断。通常来讲，包括体育教学的课程标准、教学计划中的教学大纲、课程具体实施方案，以及相对应的评判细则。

体育教学绝对评价的优势是存在比较客观的评价标准，因此，在体育教学的评价过程中，如果能够恰当地使用此种评价方式，那么就能够保证每一个被评价者都能够对自身同客观标准之间的差距有所了解，以便于他们能够不断努力向标准靠拢。此外，通过体育教学的绝对评价，体育教学的管理部门可以直接鉴别体育教学各项目标的完成情况，同时，还能够明确即将要开展工作的重点。但是体育教学的绝对评价也是存在缺点的，在对评价标准进行制定与掌握的时候，容易影响到被评价者的原本经验与主观意愿。

2. 体育教学的相对评价

体育教学的相对评价，就是指将基准建立在被评价对象的集合或者群体中，然后，逐一地将各个对象同基准进行对比，来对群体或者集合中每一个成员的相对优劣进行判断。体育教学相对评价的基准是群体的平均水平，根据在整个群体中被评价对象所处的位置进行判断。而体育教学相对评价的优势是具有广泛的适用范围，且甄别性强。就是说，无论群体的整体水平如何，都能够将优劣对比出来。体育教学相对评价的缺点是，由于群体的不同基准也会产生相应的变化，所以，容易导致评价标准同体育教学目标相背离。

3. 体育教学的自身评价

体育教学的自身评价，主要指被评价者从不同的侧面、过去与现在进行纵横比较，从而对自己各个方面的能力展开评价，对自身的进步情况进行确定。体育教学自身评价的优点在于，能够对个性特点给予尊重，同时对个别差异给予重视。通过纵横比较被评价对象或者部分的各个方面或者各个阶段，对其现状与趋势进行判断。然而，由于具有相同条件的被评价对象没有与被评者进行比较，所以对其实际的水平与差异进行判断是很困难的。所以，在体育教学评价的实践活动中，选择评价形式的时候应该将相对评价与自身评价紧密地联系在一起。

4. 体育教学的诊断性评价

体育教学的诊断性评价，也被称作是前置评价。在开展体育教学的某项活动之前，应该针对大学生的智力、态度、体能、知识与技能等方面的情况开展摸底测试，以便于对大学生的准确情况与实际水平进行了解，对其是否具备体育教学新目标实现的必需条件进行判断，为体育教学决策提供一定的理论依据，保证体育教学活动同大学生背景与需要的协同发展。

体育教学的诊断，是一个较大范围的概念，不仅能够验明缺陷和问题，还能够识别各种各样的优点与特殊才能。所以，体育教学针对性评价的最终目的是对体育教学方案进行设计，使起点水平与学习风格不同大学生的需要得到满足，同时，还要在体育教学程序中对大学生进行最有益的安置。

5.体育教学的形成性评价

在体育教学活动开展的过程中，形成性评价的不断进行是为了获得更好的效果。此种评价形式能够对阶段设计成果、阶段教学效果与大学生的学习进展情况与存在的问题等进行及时了解，及时做出反馈，并且对体育教学工作进行不断调整与改进。这种评价发展比较频繁，例如，学习一个知识点之后的练习、提问，一个单元之后的技术评定，一节课以后的小测试。形成性评价是体育教学设计活动中的重要评价形式。评价新的体育教学方案时，一般都是在此方案的试行应用过程中，主要的目的在于对该方案进行修改，对有利的证据进行收集。从体育教学质量提高的问题上来讲，在重视总结性评价的基础上分析总结性评价更具有现实意义。

6.体育教学的总结性评价

体育教学的总结性评价，也被称作是后置评价，通常是当体育教学活动结束一段时间以后，为了能够对体育教学活动的最终结果进行把握而开展的评价。例如，在学年末或者学期末的时候，体育教师会组织考评、考核，主要目的是对大学生的学习结果进行检验，看看它是否达到了体育教学目标的要求。在体育教学的总结性评价中对体育教学过程中教与学的结果进行了强调，进而全面地考核被评价者所取得的重大成果，对成果等级进行区分，对体育教学整个方案的有效性做出价值判断。

7.体育教学的过程评价

在体育教学开展的过程中，针对教学目标实现的手段与方案展开的评价叫作过程评价。过程评价的主要目的是对目标达成的手段与方法的使用情况进行关心与检查。例如，在对某一个教学目标进行完成的过程中，游戏法与竞赛法哪一个效果更加明显；在某一个动作技能教学开展的过程中，究竟是完整法比较适合，还是使用分解法好；对于某一种技能的学习，是由大学生自己探索发现的，还是在同伴的谈论与协作下实现的。所以，过程评价的开展不是在体育教学过程中，就是体育教学设计的过程中。体育教学的过程评价不仅能够促进形成性评价的继续修改，还能够促进体育教学过程中费用、时间与大学生接受情况等方面的总结性评价的完成。

8.体育教学的结果评价

针对体育教学活动具体实施以后产生的效果进行的效果评价，就是结果评价。例如，对于某一种体育教学方案的实施效果与某一种辅助性教学设施的使用价值所开展的评价。体育教学的结果评价侧重于总结性评价，同时还能够将形成性评价的相关信息提供出来。

9.体育教学的定性评价

所谓的体育教学定性评价，主要是指针对评价资料展开“质”的分析，是通过综合与分析、分类与比较、演绎与归纳等逻辑分析方法对所获得的资料与数据进行思维加工，进而开展定性描述的评价。一般有两种分析结果，其一，描述性材料，存在较低的数量化水平，更为严重的是根据不存在数量概念；其二，同定量分析相结合而产生的，即包含数量化但以描述性为主的材料。

10.体育教学的定量评价

所谓的体育教学定量评价，主要是指针对评价资料开展“量”的分析，是通过统计分析与多元分析等分析方法，对所获得的资料与数据做出定量结论的评价。鉴于体育教学中人的因素涉及范围比较广，因而使得各种变量及其互相作用具有复杂性特点，所以，为了能够将数据的规律性与特征揭示出来，应该由定性评价来规定定量评价的范围与方向。

三、体育教学评价的改革

(一)使应用单一锻炼标准评价大学生的模式得到改变

绝大多数的体育教师可能都会遇到此种情况，即在体育教学课或者体育活动开展的过程中，一部分大学生没有做出积极的表现。但是根据体育锻炼标准中的体育测试，凭借良好的先天身体素质就能够获得优异体育成绩。这样即便不够努力也能够取得较好成绩的情况，对于那些身体素质先天较弱，但是却一直积极参与的大学生而言，是一个严重的打击。所以，改变应用单一锻炼标准评价大学生的模式势在必行。

体育课的成绩应该不仅仅是一个方面的，如果评价的时候将锻炼标准作为唯一的评价方式是不够全面的。因此，应该按照体育课程评价改革，充分利用新颁布的大学生体质健康标准。不仅将其作为一种测试大学生体质强弱的标准，还能够将其作为一个大学生进步程度的参考。例如，在大学生刚入学的时候，就组织大学生进行体质方面的摸底测试，并且在大学生的个人档案中将测试的结果记录下来，保证每一学年开展一次测试，同时比较测试的结果，反映大学生体质提高的情况，这也将作为大学生进步程度的一个评价内容。

(二)改变以教师为唯一评价执行者的评价体制，对大学生进行多方位的评价

在传统的体育教学过程中，教师主导了评价活动，导致大学生一直处于被动地位，甚至是毫无存在感的。作为体育教学活动的主导者，体育教师需要对大学生的身体素质基础、运动能力状况进行了解，并且按照大学生的学习情况与锻炼表现开展多种针对性的评价活动，进而使大学生的积极性得到充分调动，促进体育课目标的尽快实现。伴随“水平目标”的逐渐设立，体育教师的教学任务在每一个阶段都会发生改变，因此，也要保证体育教学方式和方法的应用、体育教学内容的选择也有多样化的发展。在新时期的体育教学过程中，在对评价内容进行设计的时候，可以从运动技能、运动参与、身体健康、心理健康与社会适应等五个方面出发进行考虑。

(三)应用过程评价与结果评价相结合的方法，使大学生学习积极性得到提高

在传统的体育教学评价中主要针对大学生的学习结果进行评价，重视大学生在各项运动中取得的最终成绩，而对于大学生整个学习过程的评价则没有重视。所以，导致评价的有效反馈功能逐渐丧失，对激励大学生学习、提高体育教学效果与改进体育教学并没有多大的作用。

所谓的过程性评价，就是利用各种评价的工具与方法，评定体育教学的各个方面，同时还要将结果向大学生及时反馈，促使大学生尽早发现问题。现阶段，不仅仅要调整体育教学

评价的内容，还要在平时的评价中，对大学生的练习过程直接进行评价。

此种评价方式，不仅能够保证大多数大学生认真地、积极地对待整个体育学习过程，还能够有效鼓励那些先天身体素质差的大学生。

(四)按照新课程倡导的质性评价方法，积极开发体育课特有的教学环境资源

体育课与其他学科对比有着很大的弱势，这种弱势是由于多方因素引起的。课程改革基本上涵盖了所有的学科，要求他们能够使大学生的互相协作能力、社会适应能力与人际交往能力得到提高。对于其他学科，由于受特定教学范围的影响，安排的内容只能限制在本班级范围内，而恰恰是这种局限性限制了大学生这些能力的提高。

相关的心理学研究得出，如果人在同一种环境中停留的时间较长，那么此种环境对他的刺激会逐渐降低，直到将至最低的状态，这就是常说的适应。这也是即便教师大声、极力讲课，但是，只要外界出现声音，哪怕是非常非常小的声音，也会吸引大学生的注意力的主要症结所在。对于体育课而言，教学的载体与教学的环境也可以是多样化发展的，甚至可以与其他年级的体育教师互相合作，以促进大学生的相互协作、社会适应能力、人际交往能力的共同提高。

所有评价内容的确立、方式方法的应用，都会存在一定的变化，它会受到学习阶段深入与水平目标提高的影响，并随之发生改变，此外，还能够按照体育教师的教学习惯来对其进行改变。在不同的班级中，对于不同的学习群体，也可以采用不同的评价方式方法。人们之所以选择体育教学内容，应用评价方式方法，主要目的在于通过体育课的开展激发大学生的运动兴趣，使其形成自觉、自主参与体育锻炼的习惯与坚韧不拔、顽强勇敢的意志品质，保证大学生身体、心理与社会适应能力等方面全面、健康、和谐地发展，进而提高大学生的整体健康水平。

四、体育教学评价新模式

(一)重视评价中大学生的地位，实现自评与他评相结合

体育教学的重要组成部分之一就是体育教学评价，大学生既是学习的主体，也必定是体育教学评价的主体。在体育教学过程中，教师发挥着主导的作用。因此，在评定大学生成绩的时候，应该将体育教师的作用体现出来，但是，还要重视大学生的自我评价。建立能够促进大学生全面发展的评价体系，使得评价主体单一的现状得到改变。体育教学评价的主体，不仅应该有体育教师，还要有班主任或者其他的任课教师；不仅要有家长，还要有大学生群体，进而使体育教学评价成为一种交互活动，需要教师、大学生和家长的共同参与，将“评价主体互动化”体现出来。大学生互评能够使大学生在角色转换的过程中取得自学满足感，进而提高大学生比较鉴别、评判是非的能力，而大学生自评则能够培养大学生自我认识的能力与培养自我健身的能力。

(二)重视大学生心理健康发展及体育学习态度、情感的评价

体育教学的最终目标是促进大学生身心健康的全面发展，在对大学生体育学习进行评价的过程中，除了考虑运动技能获得与身体素质提升，还要将大学生的心理健康发展作为考

核的指标。根据大学生的认识规律与心理趋向，设计体育课程考核与评价的内容。大学生体育运动参与的积极性能够反映出其自身的体育学习态度，也就是说，大学生能不能积极地学习体育锻炼知识，能不能主动参与到体育锻炼中，能不能同他人主动进行体育交往，等等。体育学习的情感与态度等心理因素影响着大学生的未来发展，所以，也应该将它们作为评价、考核的重要标准。

（三）重视大学生终身体育意识形成的评价

体育教学运动参与的主要目标是使大学生良好的体育锻炼习惯得以形成，使大学生终身体育锻炼的能力得到培养，使大学生自觉参与健身活动的主动性得到提高，使被动参与体育活动的行为向自觉参与转变。对大学生良好的健身行为与生活方式进行培养，是体育教学的重要目标。

终身体育能力的培养是体育教学的一个基本任务。对于传统的体育评价体系应该进行改变，在评价开展的过程中，对于大学生终身体育意识形成和发展的情况进行考察，保证体育教学评价能够对于日后大学生体育锻炼意愿造成影响。

（四）体育教学评价新方法——价值增长评价

所谓的价值增长评价，主要指的是，经过一段时间学习以后，利用统计方法对大学生所取得的有“价值”的学业进步或学业成绩增值进行衡量。在体育教学过程中，通常每一学期或者每一学年大学生取得的考评分数会通过价值增长评价的方式向标准分转化。对体育教师工作有效性进行评价的方法，即领导的评价、专家的评价、同事的评价，基于体育教师的教学效果来对他们进行评价，逐渐取代了传统体育教师模式的评价。所以，价值增长评价能够保证更加科学、客观地对体育教师进行评价。

第七章　现代化技术在大学体育教学中的应用

第一节　网络教育技术在大学体育教学中的应用

将网络技术应用于大学体育教学的过程中伴随着高校计算机网络硬件的普及与更新，以及多媒体网络体育教学资源的丰富，特别是随着网络技术的发展，目前我国越来越多的高校开始运行或已经准备运行自己的校园网体育教学平台。

一、网络技术应用发展现状及特点分析

高校校园网的体育网是开展体育网络教学平台建设的网络技术平台，高校校园网的体育网是基于校园网站建立的，高校校园网中体育网平台的建设情况直接决定了该校是否具备建设体育教学网络平台的基础。早在1999年教育部就提出了相应的要求，国内的高校纷纷建立了自己的高校校园教学网络，随之在校园网中建立有关体育教学的网络，为高校的体育教学网络化的发展提供了基础保障。目前，我国高校校园网中的体育网的建立已经得到了全面的普及，其中我国高校校园网的体育网的网页数量较多，但已开通的体育教学主页的内容相对过于单一，体育教学的信息的更新速度普遍较慢，体育教学栏目的建设也不够完善。且有部分大学体育网的主页仅仅局限于运用简单的文字与图片进行概况的简述，没能应对自身高校所开设的体育教学的有关专业进行多层分类的网络进行建设，其中能够利用大学体育网络平台进行开发教学功能的高校还是相对较少。未来高校的体育网中建设网络教学平台的数量和特别是质量都有很多改进空间，且高校对体育网络教学平台功能的开发是当今我国高校深化体育教学运用网络技术的核心关键。

（一）现阶段大学体育教学中网络技术的应用现状

目前我国高校的体育教学中网络技术的应用形式多数是校园网的体育网模块、共享对体育教学的素材等辅助式的教学形式。国家体育教学的教育部门以及大学体育教学的专家学者对于网络技术应用于大学体育教学的研究时间较短，从技术角度分析网络技术应用于大学体育教学中的可行性比较欠缺。如今我国体育教学技术的研究在体育网络教学软件的开发上取得了一定的成果，大量软件开发商对大学体育的网络教学软件的开发给予了支持，使得高校传统模式下的体育教学得到了改进，优化了大学体育教学的教学环境与学习过程。目前我国大学体育教学网络平台的建设发展已经初具规模，特别是重点院校以及在一些高等体育类高校，在网络技术应用于大学体育教学中得到了快速的发展。

（二）网络技术在教学中的应用发展的特点分析

网络技术应用于高校教学的快速发展和产生，是以网络技术为核心，通过运用网络平台

实现高校师生之间的教学辅助功能的过程。与传统模式下的大学体育教学相比,大学体育教学的信息化、智能化是计算机网络技术、信息技术高速发展的必然结果。学校开展体育网络化教学,需要建立一个完善的体育教学相关的管理系统,包含体育教学管理系统和体育教学资源管理系统以及体育课堂教学的网络管理系统等,从而实现基于互联网的信息化、智能化的体育教学环境。丰富的体育教学信息资源提高了网络技术的应用效率,能够整合各方面的体育教学资源,实现大学体育教学信息资源的及时整合与分享。

网络技术应用于大学体育教学,使得大学体育教学更加适应时代发展的需求,这也是现代信息化社会发展对于高校教学发展的需求。网络技术应用于大学体育教学提高了大学体育教学的学习效率,这也是网络时代背景下大学生接受的学习知识的方式之一。体育知识的更新频率高、时效性快等特点,使得传统模式下的体育教学方式很难适应网络时代发展的需求。通过运用网络技术到高校的体育教学中,可以让大学生接触到新的体育科学知识信息。

大学体育教师教育学理念的转变对体育教学中大学生锻炼兴趣的培养,大学体育教育的发展起着至关重要的作用。大学体育教师通过正确、合理、高效地利用网络技术和互联网的资源,不仅可以提高自身获取体育知识与更新体育教学的能力,而且可以通过网络技术的强大功能探索出未来新的体育教学模式,培养出适应当前网络时代下信息化社会所需求的新型人才。网络技术在体育教学的应用补充了传统模式下体育教学的不足,优化了传统模式下体育教学的效率。

(三)师资队伍建设下的网络技术应用

当前大学体育教师在教学中应用网络技术有了许多具体实例,大学体育教师多数倾向于在体育理论课上应用网络技术手段,而在大多数的体育实践课上,体育教师由于受到一些客观条件的影响,在教学过程中应用网络技术的情况相对并不多,甚至有的体育教师在体育教学过程中从未使用过网络技术,这些因素限制了大学体育教学信息化的发展。大学体育教师在体育教学中运用网络技术教学,需要大学体育教师对网络技术以及计算机多媒体网络运用都能够全面掌握。目前,国内高校的体育教学中都已经配备网络平台的多媒体教室,高校计算机的数量以及校园互联网的全面覆盖已经得到了很好的保障,所以大学体育教师对体育网络多媒体教学平台以及计算机网络技术的运用有着良好的环境支持。通过网络技术应用于体育教学的相关师资队伍的建设现状,可以看出影响大学体育教师在体育教学中应用网络技术的主要原因是:体育网络教学资源平台与高校网络化的教学硬件设备的建设情况;大学体育教师自己运用网络技术相关软件的能力;相关大学体育教学的网络应用软件较少与高校有关的政策扶持力度不足。目前,大学体育教学的网络技术环境,主要是指在体育教学的教学实践活动中所涉及的标准化和系统化的网络技术硬件教学设施与环境。其中实现体育教学过程中教学信息的呈现与教学资源实时共享有利于教学过程中大学生积极主动地参与和协作讨论。

目前,大学体育教师需要在网络技术方面进行规范化和系统化的教学培训,高校大学生也应得到网络技术运用的相关课程的学习,高校校园应增加建设多媒体教学的网络教室以及配置现代化教学网络设备的大学体育场馆。大学体育教学网络平台建设的情况直接影响大学体育教学资源的使用率。目前，大学体育教师自行开发的体育教学课程相关的体育教学课件较少，通过网络技术进行体育教学管理的水平有待于提高，体育教学网络平台应用下的应用体系还需要完善。

二、网络时代应用的发展对策分析

（一）大学体育教学改革的发展需要

高校的体育教育是高等教育的重要组成部分，而高校现代化体育教学又是高等教育现代化发展重要组成中的重要环节。同时，高校体育教学在大学生接受高等教育的过程中肩负着全面提高高校大学生身体素质的重要使命，为现代化素质教育发挥重要的作用。网络技术在大学体育教学中的应用为改变传统模式下大学体育教学提供了技术上的支持和保障，同时也为大学体育教育工作者在未来信息化教学的发展带来了更好的机遇。

建立和完善大学体育教学网络技术应用平台的环境，需要加大高校计算机网络硬件设施的投入，加强高校校园网中体育网的建设。良好的大学体育教学网络技术平台环境是建设现代化大学体育教学的基础，其中包含了标准化的网络技术设施和系统化的教学软件。随着网络时代背景下网络技术的快速发展以及高校已经基本普及的网络多媒体教室和大量的体育教学网络应用软件，高校体育教学网络技术平台的应用环境得到较好的硬件保障，具备良好的教学环境可以及时促进大学体育教师在体育教学中更好的应用网络技术来完善高校体育教学。但是通过访问调查发现，国内大多数高校目前仍面临网络设备以及多媒体网络教学硬件数量不足，高校校园网中体育网建设的功能不够齐全，相关体育教学软件开发较少等方面的问题。高校所面临的问题如果得不到及时的解决，将严重阻碍大学体育教学现代化教学的发展。因此，为保障未来大学体育教学水平的提升，必须要采取必要的执行措施，设计可行的方案从根本上来解决大学体育教学网络技术平台环境建设所遇到的问题。

网络技术在大学体育教学中的应用发展，有利于大学体育教学模式多样性的发展。基于网络技术下的网络多媒体体育教学平台在大学体育教学中的应用，为大学体育教师提供了更舒适的体育教学环境同时也为师生间的沟通交流提供了更方便的途径，丰富的网络多媒体体育教学课件资源可以有效地克服大学体育教师自身的局限，弥补大学体育师在体育实践课的讲解示范的规范性，提高大学体育教学效果。传统模式下的体育教学缺少对大学生体育技能的培养，网络技术的应用可以根据不同大学生对不同体育项目的不同需求，有针对性地进行教学。网络技术可帮助大学体育教师实现体育知识的及时更新与完善，使大学体育教师可以了解最新的体育学科动态，掌握国内外最新体育教学的相关信息，促进大学体育教师的创新意识以及教学能力和教学理念的提高。

（二）除旧革新提高教学管理的质量和效率

在大学体育传统的教学方式中，较多是以体育教师课堂讲述的形式，其中多依赖于体育教师的板书以及静态投影图等单项式教学。这种传统的教学模式形式和方法比较单一，教学过程中运用的教学技术相对落后，使得大学体育课程的教学效果受到了局限，没有得到应有的发挥。网络多媒体技术是集各种网络信息载体平台于一体的技术，通过网络技术把图文以及视频动画等影像进行体育教学信息的整合，是网络技术应用于大学体育教学的重要表现方式之一。网络多媒体技术在体育教学课件应用，从而辅助大学体育教学，已经得到了大学体育教师的广泛认可，在大学体育教学中应用网络多媒体技术，可以针对大学体育教学的特点发挥其特有的优势，结合不同体育教学中实际教学网络软硬件设施的具体情况，应用相对多样的体育教学课件制作软件进行网络多媒体课件的制作。

网络技术在体育教学中的运用，有利于克服体育教师自身因素的局限，将相关体育课程所需的体育运动项目的标准示范进行整合运用到教学中，不但不会因为体育教师自身年龄增长、身体技能的退化而受到影响，反而可以更好地利用体育教师本人对该运动项目多年的体育教学实践经验，以达到更高标准的体育教学水平。

网络技术应用于大学体育教学中在改变传统体育教学模式的过程中无论是从教学理论还是教学实践方面都发挥了巨大的作用。大学体育教学通过运用网络技术对体育教学进行充分的优化和改革。大学体育教学中应用网络技术有利于优化体育教学课堂的结构，提高大学生在体育教学中的主动学习的积极性，有效地提高大学体育教学质量，弥补了传统体育教学模式的不足，使体育教学中运动技术训练更加科学和高效，利于体育教学中大学生学习自主性的提高和培养大学生终身体育意识规范化的确立。网络多媒体技术在更新大学体育教师的体育教学理念、提高大学体育教学的质量、提高大学生体育教学的学习效率等方面都起到了积极的作用。

网络技术在体育教学管理工作中系统化的功能应用，以及完善高校校园网中体育网的教学服务功能，给高校的体育教学工作带来了全新的教学思维。高校通过体育教学网络管理软件系统，为大学体育教学提供了智能化的课程管理服务，使得复杂的大学体育教学管理工作简单化，把原本复杂的人工选课改进为智能的网络选课，有效地提高了工作效率和准确率。

在《新课程标准》中把通过运用互联网获取体育信息知识和学习方法的能力，作为当今大学体育教学对培养大学生能力的一项教学目标，网络技术应用于大学体育教学的深化与发展，极大地促进了大学体育教学中教学目标的实现。

（三）加强网络技术的普及与相关师资队伍建设

大学体育教师是大学体育教学过程中的指引者和实践者，大学体育教师是否具备现代化的教学技术运用理念，直接影响到大学体育教师自身的教学行为。大学体育教学中网络技术的应用使传统模式下的体育教学理念和方式上都发生了转变，有效地促进未来大学体育教学的改革和推动大学体育教学现代化的发展。大学体育教师在大学体育教学中运用网络技术辅助教学，需要突破传统体育教学理念的束缚，不断促进大学体育教师体育教学理念的提升，有利于大学体育教师在网络教学技术等专业技能方面的提高，有效地建立现代化体育教学的教育理念，使大学体育教师将网络技术应用于体育教学过程中，对体育教学的效果以及教学模式和方法的提高有准确积极的思想指导。因此，大学体育教学中体育教师对网络技术在大学体育教学中所发挥的具体作用、要有准确的大学体育教学理念进行指导，才能在高校的体育教学中提高大学体育教学效率，有效保障大学体育教学质量和大学体育实现现代化教学。

各大高校应及时出台相关激励措施，激励高校的体育教师积极制作应用网络多媒体的体育教学课件，并加强大学体育教师有关网络技术的培训和学习，从而结合先进的体育教学技术研发更多适合未来大学体育教学所需的课件，尽快提高大学体育教学课件运用网络多媒体的质量，节约体育教学成本，避免大学体育教学资源的浪费。各大高校还应及时配备网络技术以及体育教学技术的专业研发人员与体育教师共同研发来保障大学体育教学现代化发展的需要。

建立科学化智能化的体育教学网络管理系统，将有效地优化大学体育教学的管理工作。随着大学体育教学中网络技术的广泛运用将产生一些问题，如果得不到及时的解决，将严重影响高校的体育教学现代化水平的发展。建立一套智能化的体育教学网络管理系统，可以有效地保障网络技术在大学体育教学中广泛的运用和发展。高校的智能化体育教学网络系统是网络大学体育教育的重要组成部分，是高校提高现代化体育教学技术的关键，是高校提高体育教学资源利用率和提高体育教学管理水平，为未来大学体育教学实施科学化和智能化管理的有效保障。

高校应及时建立完善的体育教学网络技术管理激励制度，为大学体育教学更好应用网络技术提高完善的保障体系。高校体育教学管理制度应随着网络教学技术的不断发展进步，及时更新有关新网络技术应用的管理规定，从而不断地完善大学体育教学管理体系。高校为保障现代化的体育教学技术的运用，需要重视高校的教学网络管理系统，及时采取应对措施，完善体育教学网络管理系统的建设，要及时建立大学体育教学现代化教学技术运用的有效激励制度，如设立起行之有效的奖励措施，并纳入高校的评定考核中，积极利用网络多媒体技术制作的体育教学课件开展教研活动，对优秀的体育教学课件及时给予相应的奖励，充分调动大学体育教师在体育教学中运用网络技术的积极性，使大学体育教师及时掌握新的现代网络教学技术，从而积极促进大学体育教学现代化的发展。

第二节　多媒体技术在大学体育教学中的应用

一、多媒体教学技术的特征

（一）多媒体教学技术的多维性特征

所谓的多媒体技术的多维性特征，主要指的是多媒体教学技术所拥有的对信息范围进行处理的扩展与扩大空间的能力，而此种多维性职能能够变换、加工、创作输入的信息，使其输出信息的表现能力得到增加，其显示效果得到丰富。例如，在大学体育教学开展的过程中，利用多媒体系统进行辅助，不仅能够保证大学生对文本知识的学习，使其对静止图片进行观察，并且在多媒体技术的支持下，大学生能够清楚地观察、了解体育教师的动作演示，使大学体育教学效果得到加强。

（二）多媒体教学技术的集成性特征

所谓的多媒体技术的集成性特征，主要指的是多媒体技术能够将不同类别的多种媒体信息有机地进行同步组合，例如，声音、文字、图像等，进而促进多媒体完成完整信息的相册。此外，集成性还存在另外一层含义，指的是对这些多媒体信息进行处理的工具或者设备的集成，包含视频设备、储存系统、音响设备、计算机系统等的继承，总而言之，指的是在提供的各种设备上将各种媒体进行紧密关联，使文字、声音、图片与音像的处理实现一体化。

（三）多媒体教学技术的交互性特征

所谓的多媒体教学技术的交互性特征，主要指的是人和人之间、人和机器之间、机器和机器之间的交互活动，也就是使用者同机器之间进行沟通的能力。这也是多媒体计算机系统不同于传统音响、电视机等家电设备的地方。根据实际的需要，人们能够选择、控制、检索多媒体系统，同时，还能够参与到播放多媒体信息与组织多媒体节目的行列中。传统的只能对编排好的节目被动接收的电视机形式已经被打破。

（四）多媒体教学技术的数字化特征

所谓的多媒体教学技术的数字化特征，主要是指在多媒体计算机系统中，各种各样的媒体信息都是以数字的形式在计算机中存放，并得到处理。多媒体技术是在数字化处理的前提下被建立的，例如，以矢量方式储存与处理的图形、以点阵方式储存与处理的图像、以数字编码方式储存与处理的音频和视频。在数字化技术发展的背景下，多媒体教学技术得到了广泛的传播与发展。

除了上述的四种主要特征，多媒体教学技术还有其他的一些特征存在，通常来讲，还拥有分布性、综合性与实时性等特征。所谓的实时性特征，主要指的是对于同时间相关的心理，如声音与视频信号等的处理，还有人机的交互显示、操作与检索等操作都存在实施完成的要求。所谓的分布性特征，主要指的是基于多媒体数据多样性的存在，在不同的时间与空间都会存在它的素材，并且在不同的领域中，它也得到了广泛应用。所以，对于多媒体产品的开发，在离不开计算机专业人才参与的同时，更加需要的是听、视专业的人才。而多媒体计算机系统存在比较明显的综合性，它不仅能够综合集成各种媒体设备，同时还能够综合提成各种信息，使他们成为整体，促进综合效应的产生，不再是单兵作战，而是文字、图片、声音与音像的有机组合。

二、多媒体在大学体育教学中的应用优势

多媒体教学技术通过文字和图形的形式，同动画、音频与视频相结合，将体育课程的教学内容进行立体显示，具有表现形式和表现手段丰富多样、灵活多变的特征，使其独特的优势得到充分体现。

（一）多媒体技术使大学体育教学观念得到了更新

大学体育教学的传统教学模式是以教师的教作为重心，在大学体育教学中应用多媒体技术，能够使此种传统大学体育教学模式发生改变。体育教师在进行授课的过程中，对现代化的多媒体教学手段进行了应用，同时还需要人机交互活动与大学生间交流活动的开展，使

大学生的体育参与意识得到激发，将体育多媒体教学的教学思想进行展现，即以大学生的“学”作为中心。这都能够极大地促进大学体育教学方法的实践性与多样性变革，改变大学生体育知识与体育技能的学习思路与方式。

（二）多媒体教师使大学体育教学的质量得到提高

在体育课程的传统教学活动中，教师应用的教学方式是讲授为主，挂图等展示方式为辅。在实践课中则需要体育教师进行讲解与示范，在主观条件与客观条件的约束下，很难做到完全规范、标准的技术动作示范，在较短的时间内，大学生们正确的动作概念也很难形成，只有体育教师才能够反馈出大学生的体育学习状况，而这样的大学体育教学效果也是可想而知的。

多媒体大学体育教学的实施使得上述的状况得到改变，在文字与图片的辅助下，体育课程的抽象概念得以具体化、形象化，而通过计算机，就能够对难度较高的体育技术动作进行模拟演示。而在对速度较快、结构复杂的技术动作进行讲解与示范的过程中，取得的效果则将会更加的明显。在多媒体技术的支持下，通过慢动作使大学生对这一系列动作进行清晰的感知，促进相关体育概念的形成与动作要领的掌握，方便进行模仿与掌握，使得大学体育教学的效率得到提高。

（三）多媒体技术使大学生的体育学习效果得到提高

多媒体技术能够使人的视觉、听觉等多种感官系统得到刺激，促进大脑不同功能区域交替活动的开展，促进体育学习内容生动化、形象化的发展，增强大学体育教学活动的趣味性与直观性，方便大学生对体育技术动作的理解。多媒体技术对字体、色彩、图表、音乐、动画和闪烁等多种表现手段进行了综合利用，保证“声图并茂”“有声有色”，使得大学体育教学内容的艺术表现力与强烈的感染力得到增强，使大学体育教学的课堂氛围得到活跃，特别是多媒体大学体育教学资料中对肢体的和谐美、力量美与技艺美的体现，使高校大学生对体育的功效与个性的社会价值取得真正的认识，使他们的求知欲与体育学习的热情得到激发，进而使大学生的体育学习兴趣与体育课堂教学的质量得到有效提高。

三、多媒体 CAI 在大学体育教学中的应用

（一）目前我国 CAI 的发展现状

目前，CAI 正迎来了一个多媒体大面积教学的时代，即使用先进的计算机技术、多媒体技术、网络技术、通信技术和设备，“让最好的教师面向最广大的大学生的时代”。所以，保证 CAI 课件大数量、高质量的发展具有十分深远的意义。

（二）多媒体 CAI 的发展趋势

对于近年来，在 CAI 中多媒体技术的应用情况进行综合分析，可以得知多媒体 CAI 的应用存在三个方面的发展趋势，具体内容如下。

1. 呈现网络化的发展方向

计算机技术的不断发展，尤其是网络技术的迅猛发展，使人们的生活方式与工作方式得到很大的改变。网络技术的发展需要多媒体技术的支持，而多媒体技术需要在网络中得到

应用,进而使网络的表现力得到了增强。在网络中应用CAI课件,能够保证"最好的教师面向最广大的大学生",进而使多媒体CAI的群体教学模式得以实现。

2.呈现智能化的发展方向

从功能上来讲,多媒体教学软件与只能教学辅助系统之间存在着互补的关系,如果能够将两者进行结合,那么就能够在规避短处的同时而发扬长处,进而使得性能较高的新一代多媒体CAI系统得以顺势而生。如果想要使多媒体CAI具备一定智能性的问题得以实现,那么就不仅仅需要同人工智能领域的知识表达与知识推理紧密联系在一起,同时还需要对大学生模型的建构问题进行考虑。在人工智能领域的知识表达与知识推理问题上,需要探求出一种能够与多媒体环境相适应的新型知识表达方式及与之相对应的推理机制。

除此以外,还能够更可能地应用方法保证多媒体知识库中导航功能的智能化发展。智能化导航在具备一般导航功能的同时,还能够按照当前大学生的知识水平,对大学生最合适的下一步路径进行及时的建议,如果大学生碰到了困难,就要对大学生进行帮助,等等。

3.呈现虚拟现实的发展方向

虚拟现实的英文全称是Virtual Reality,简称为VR,属于交互的一种人工世界,需要多媒体技术同仿真技术的有机结合,在此种人工交互的情境中对一种身临其境的感觉进行创造。通常来讲,如果想要融入虚拟现实的环境中,那么就需要佩戴一个特殊的头盔与一副特定手套。

在大学体育教学中应用VR技术,具有十分广阔的前景,例如,人们可以对一个"虚拟物理实验室"的系统进行建造,这种系统能够帮助大学生开展各种各样的虚拟实验,如万有引力定量实验等,进而深入地了解物理的概念与规律。伴随多媒体技术与仿真技术的不断发展,VR实现的理论与方法也不断发展。

(三)同传统的大学体育教学方法相比,多媒体CAI具有的优势分析

在大学体育教学课堂教学活动开展的过程中,由于大学体育教学内容与大学体育教学任务方面存在着一定的需求,因此,多媒体CAI能够科学地、合理地对现代化教学媒体进行选择,并进行应用。而信息的全方位传递需要人体的多种感官,同时能够反馈与调控媒体组合开展的系统教学,在大学体育教学课堂开展的过程中,保证它的存在是始终有效的,从而实现大学体育教学过程的优化。

多媒体CAI大学体育教学同传统的大学体育教学活动相比较,存在的优点有以下几种。

1.体育教师在指导大学生体育学习活动的过程中对其系统进行利用

在现代化大学体育教学中,计算机能够对大量的教学相关信息进行承载,能够按照大学体育教学的实际需要,开展人机对话,并且能够对各种各样的大学体育教学活动随意调用、开展。

2.可帮助大学生尽快地建立动作概念

如果能够将多媒体CAI应用在体育课堂教学过程中,就能够促进力量教学效果的获得。例如,体育教师在对足球理论课进行教授,提到"越位"这一概念的时候,大部分大学生

对此概念能够很好地理解，然而，在具体的实践中却不能较好掌握。在进行表达的过程中，体育教师可以结合画图的形式进行利用，同时，还能够应用声像资料，将足球比赛活动中一些典型的与不典型的“越位”镜头编辑在一起，从各个角度出发，及时向大学生展示什么是“越位”，同时还要将经过反复多次推敲的解说词列入其中，使大学生的各个感官得到调动，使大学生从理性上与感性上理解这一概念。

3. 大学生可用其直接开展自我学习、自我测验与自我评价

对于多媒体大学体育教学的使用方法，由体育教师向大学生传授，保证大学生的体育学习活动，不仅能够在课堂上进行，还能够在课堂教学结束后开展，即复习或自学。

4. 向大学生及时、准确地反馈其学习进程，使体育学习效率得到提高

在传统的大学体育教学过程中，教师在对跳远动作进行教学的时候，会指出大学生做出的不规范腾空动作或者是没有达到规定标准的动作，但是有时候大学生可能并没有意识到动作是错误的，因此导致教师和大学生之间出现了沟通障碍。需要注意的是，如果想要消除掉此种障碍，就需要在体育教师的悉心指导下，大学生一遍一遍地不断重复某一种动作，并且在不断重复练习中，不断体会动作的要领。如果是在大学生需要改进某一个成型动作或者使自身运动成绩得到提高的时候，就可能会导致大学生取得较低的训练水平与较慢提高成绩。如果体育教师录制每一次大学生做的跳跃动作，并进行慢动作处理，再组织大学生进行观看，使大学生能及时地发现存在的问题，并予以纠正。教师还可以利用计算机的处理功能，将一些优秀大学生所做的这一动作进行事先的录制，再开展两者对比，这样就能够很明显地得出两者之间存在的区别。此外，这套编制的多媒体 CAI 在专业运动员的训练中也同样适用。

5. 提高大学生的体育学习兴趣

在传统大学体育教学活动开展的过程中，鉴于单一的大学体育教学形式与落后大学体育教学手段的存在，使得大学生由于学习过程反复、辛苦、无聊而产生不能积极应对学习的心理状态，这种心理状态想要调整过来是不容易的，同时，多媒体 CAI 具有的形式是新颖的、变化多样的，能够对大学生良好的心理状态进行调节，同时还能够有效地刺激大学生自身的求知欲，从而使大学生的体育学习效率得到一定的提升。

综上所述，多媒体 CAI 能够刺激大学生的各种感官，最大限度地吸收知识或信息。多媒体 CAI 在大学体育教学中的应用，能够促进大学体育教学软件多媒体化的发展，能够使大学生心理上的不同要求得到更好的满足。它能够将信息编码成图像，经过同步识别以后，保证大学体育教学文件的声图并茂，绘声绘色，且清晰，便于理解，使大学生更加容易接受。

（四）体育多媒体 CAI 课件设计

体育课件的结构包含两个主要部分，即原理教学模式与训练教学模式。而对于体育多媒体 CAI 课件而言，总体的结构组成是大学体育教学内容与大学体育教学目标，其主要目标是使大学生对体育基础知识和基本技术、技能进行掌握，使大学生的身体素质得到增强，使大学生的良好思想品德得到培养，促进学生观察能力与模仿能力的提高。而体育多媒体 CAI 课件的主要内容由理论课与实践课构成。

1. 体育多媒体 CAI 课件设计步骤

体育多媒体 CAI 在设计的过程中，主要包含四个主要步骤，具体内容如下。

(1)体育多媒体 CAI 课件设计的第一阶段

在体育多媒体 CAI 课件进行设计的第一阶段，首先要对题目进行确定，目的在于了解课件设计所依据的规范。

(2)体育多媒体 CAI 课件设计的第二阶段

在体育多媒体 CAI 课件设计的第二阶段，要对脚本进行撰写。撰写脚本的目的是对大学体育教学的内容进行安排。主要是由具有丰富教学经验的大学体育教学或者作者来负责撰写。

(3)体育多媒体 CAI 课件设计的第三阶段

在体育多媒体 CAI 课件设计的第三阶段，需要编制软件，在前两个阶段中还只是纸上谈兵，但是在这个阶段，不再是字面上的，而是课件的实际材料。在这一过程中需要做的工作有三项：第一，通过对多媒体编辑工具的利用，精确多媒体数据；第二，通过多媒体的著作工具对多媒体课件进行制作；第三，对相关的程序进行编制。

(4)体育多媒体 CAI 课件设计的第四阶段

在体育多媒体 CAI 课件设计的第四阶段，需要测试、检验。当完成了体育多媒体 CAI 课件的开发、设计工作以后，就需要进行测试、检验。主要目的在于对体育多媒体 CAI 课件的运行情况进行测试，从而对课件能否达到规定的目标进行测验。

2. 体育多媒体 CAI 课件的选题原则

体育多媒体 CAI 课件具有的特点与优势是非常强大的，然而，其也有相对的不足与局限，因此，在全部教学任务完成的过程中，不能过分依赖体育多媒体 CAI 课件，还应该考虑大学体育教学目标、大学体育教学条件、大学体育教学资源与大学体育教学内容，保证选择的最优化，并进行精心设计，更是要同其他教学媒体紧密联系在一起，组合应用，才能扬长避短，使更加高效的教学系统得以构成。

首先要考虑体育多媒体 CAI 课件设计的价值，即这堂课是否必须使用课件。如果传统的教学方式就能够使良好的教学效果得以达成，就没有必要花费大量的精力去制作体育多媒体 CAI 课件。所以，在对体育多媒体 CAI 课件的内容进行确定的时候，通常会很难使用语言对大学体育教学过程中的难点与重点进行清晰的表达，在这样的情况下，对于体育多媒体课件的形式进行使用是比较合适的。对体育多媒体课件而言，其自身具备较为丰富的功能，能够将声音、视频、动画、效果汇集在一起，能够更贴切地模拟自然，表现自然，或者是在实验条件的支持下，通过局部放大、旋转与重复等多种方式展现，从而有效地突破大学体育教学的重点与难点。基于模拟训练的目标，特别是初级训练更是比较适宜对多媒体形式进行应用。体育多媒体具有比较强大的模拟功能，能够有效地实施大学体育教学中的各种模拟技能训练。但是，需要去注意的是，在选择大学体育教学内容的时候，应该选择那些不存在演示实验或者是演示实验不容易做的教学内容，并且进行使用。

3. 体育多媒体CAI课件的设计原则

(1)体育多媒体CAI课件设计的结构化分析原则

在对体育多媒体CAI课件进行设计的过程中,应该遵循结构化分析原则,而这里所说的结构化分析原则,主要是指设计体育多媒体课件的时候应用系统分析的方法,按照结构要素组成对事物进行依次的分解,等到对于所有的要素都能够清楚地进行理解与表现的时候,就能够停止事物的分解了。基于结构化分析原则的体育多媒体CAI课件,能够将层次清楚地表达大学体育教学的内容,不管是从系统宏观来讲,还是对于局部细节而言,所做的认识都是非常详尽的,因此,对于体育多媒体CAI课件中框架的展开与学科内容的设计都能够起到一定的促进作用。

(2)体育多媒体CAI课件设计的模块化设计原则

所谓的体育多媒体CAI课件设计的模块化分析原则,主要是按照结构化分析的框架图指示,将相同或相近的部分设计成模块,使其相对独立,用模块图表示出单一功能模块的组成的结构,由此对课件系统及与之相应的功能结构进行确定,进而为结构化编程创造良好条件。

诸多实践证明,体育多媒体CAI课件的模块化设计不仅减轻了繁杂的内容编程的负担,还可保证课件的风格统一、制作程序化。

(3)体育多媒体CAI课件设计的个别化教学原则

在对大学体育教学内容进行选择与组织的时候,应该具有广泛的适应性,应该保证某一层次的所有大学生都能够适用。同时,根据大学生不同能力的差异,对相应的大学体育教学程序和对策进行设计。例如,大学生能够对自己学习内容的深度和广度进行控制,并能对自己的学习进度进行确定。

(4)体育多媒体CAI课件设计的反馈和激励原则

在体育多媒体CAI课件中,要保证友好的交互界面,充分调动大学生体育学习的积极性,使大学生始终处在良好的学习状态中,同时,还要及时的、有效的强化大学体育教学的效果,使正向激励的作用得到及时有效地发挥。

(5)体育多媒体CAI课件设计的贯彻教学设计原则

对于体育多媒体CAI课件的设计而言,其理论与方法在将体育课堂教学呈现包含在内的同时,也存在体育多媒体CAI课件进行设计的方法与原则。在对大学体育教学的结构与内容进行设计的过程中,体育教师不能单纯地依靠传统的方法与经验对大学体育教学结构与内容进行设计,同时,还要适当地使用系统的技术和方法,进而对大学体育教学目标的设计与分析,以及大学体育教学的诊断工作进行实施。

4. 设计体育多媒体CAI课件的具体方法

体育教师在开始制作体育多媒体CAI课件之前,应该明确课件设计工作的重要性。现阶段,有一些体育教师不能够把握住体育多媒体课件的精髓所在,只是一味地去追求最新的科学技术,一不小心就改变了体育多媒体课件的性质,这样是不够正确的。之所以出现这样的结果，主要是因为，没有对大学体育教学中体育多媒体课件起到的作用进行明确，需要注意的是，在大学体育教学过程中，体育多媒体课件发挥的作用不是主要的，只是辅助性的。在体育课堂教学开展的过程中，教师仍然发挥着主导作用。只有将体育多媒体 CAI 课件的设计工作做好，才能够制作出更多优秀的课件。所以，在设计体育多媒体 CAI 课件的过程中，可以考虑从以下几个方面进行。

(1)从体育多媒体 CAI 课件的可教性考虑

对体育多媒体 CAI 课件进行制作的主要目的是使体育课堂教学的结构得到优化，使体育课堂教学的效率得到提升，在保证促进体育教师教的同时，还要促进大学生的学。所以，在设计体育多媒体 CAI 课件之前，人们应当优先考虑其存在的教学价值，也就是说，考虑这堂课是不是有必要使用体育多媒体 CAI 课件。

(2)从体育多媒体 CAI 课件的易用性考虑

对于体育多媒体 CAI 课件而言，应该能够清楚地表达出大学体育教学的目标、大学体育教学的步骤与大学体育教学的具体操作方法，同时，有一点需要注意的是，在同本机脱离的情况下，在其他的计算机环境中，体育多媒体 CAI 课件也能够运行成功，因此，需要注意以下几个方面的具体内容。

①体育多媒体 CAI 课件应该便于安装，且能够随意拷贝到其他硬盘上使用

首先，体育多媒体 CAI 课件应该保证启动比较快速，避免体育教师和大学生焦急等待的情况出现。其次，体育多媒体 CAI 课件应该尽可能占据较小的容量，需要注意的是，对于体育多媒体 CAI 课件越大越好的错误观念必须更正，伴随网络技术的日新月异，体育多媒体 CAI 课件在网络环境下运行最好。

②体育多媒体 CAI 课件应该具备友好的操作界面

对于体育多媒体 CAI 课件而言，其操作界面应该包含一些具有明确意义的按钮和图片，同时还要能够通过鼠标进行操作，避免一些特殊的情况的发展，例如，键盘操作复杂等。此外，应该合理设置体育多媒体 CAI 课件各个内容部分间的转移，保证方便地操作跳跃、向前与向后等步骤。

③体育多媒体 CAI 课件的运行要保证一定的稳定性

对于体育多媒体 CAI 课件而言，在其运行过程中应该保证一定的稳定性，如果体育教师在执行体育多媒体 CAI 课件时做出了错误操作，那么就十分容易产生退出的情况，也会出现计算机重新启动的情况。因此，在体育多媒体 CAI 课件具体的操作过程中，体育教师应该尽可能地避免出现死机的情况，保证体育多媒体 CAI 课件运行的稳定性。

④体育多媒体 CAI 课件要保证及时进行交互应答

在体育多媒体 CAI 课件运行过程中，应该保证及时地进行交互应答，而不能将体育多媒体 CAI 课件等同于电影。同时，体育教师应该高度重视大学生的学，促进大学生学习的循序渐进性，为大学生留出更多的思考余地。

(3)从体育多媒体 CAI 课件的艺术性进行考虑

对于一个体育多媒体 CAI 课件而言，它的演示在保证良好的大学体育教学效果的同

时,还应该是令人愉悦的,只有这样才能够将美的享受提供给体育教师与大学生。如果上述的两项因素都能够保证,那么就表示这样的体育多媒体CAI课件存在着较强的艺术性特征,完美地融合了优秀的内容和优美的形式。值得注意的是,要想实现这两个目标一点也不容易。要想实现这些内容,体育教师不仅应该具备一定的美术基础,还要存在一定的审美情趣。所以,如果在这一方面存在过高的要求,就很难顺利实现的。

体育多媒体CAI课件的艺术性特征主要的表现是:具有柔和色彩的操作界面,科学合理地进行搭配,画面应该同大学生的视觉与心理产生共鸣;为了能够保证将更加逼真的图像呈现出来,可以考虑使用3D效果;对于画面的流畅性要做出保证,避免停顿、跳跃的现象出现,需要注意的是,体育多媒体CAI课件画面中最多只能存在两个运动对象;此外,不仅要存在优美的音色,还必须通过适宜的配音进行辅助。

5.体育多媒体课件创作工具的选择

在体育多媒体课件创作工作的问题上,如果能够恰当地选择体育多媒体课件的创作工具,那么就能够使得体育多媒体CAI课件的具体实施产生更加理想的效果。在内容的分析与研究中,主要从以下几个方面简单地分析比较典型的体育多媒体课件创造工具与开发工具。

(1)在体育多媒体课件的创作过程中,选择体育多媒体创作工具的基本原则

在体育多媒体课件创作的过程中所选的创作多媒体工具,其主要用途是当用户编排、制作各种各样的节目时能够起到一定的促进作用,多媒体的创作工具在向用户提供的过程中,通常是交互的设计环境与易懂、通俗的高级编著语言,如此一来能够为用户编制各种内容提供便利。如果在体育多媒体CAI课件设计过程中,恰当地选择多媒体创作工作,那么就能够保证体育多媒体CAI课件的效用得到最大程度的发挥。

①高效原则

在体育多媒体课件创作的过程中,将会对多媒体的开发、创作工具进行应用。对多媒体开发、创作工具而言,存在的特点主要有:容易实现、效果丰富多样、媒体集成度较高。在体育多媒体课件备课问题与课件开发的开展方面,具有十分明显的效率优势,这一点是传统"语言"系统做不到的。

②易用原则

对同一种知识而言,如果通过1000名教师进行教授,那么就会存在1000种不同的教学方式。而体育多媒体课件的实际操作具有简单、便捷、方便、容易使用等多项特征,如果想要体育教师真正地接受并使用他们,就需要体育教师在较短时间内掌握体育多媒体课件的使用方法。

③开放原则

在大学体育教学开展的过程中,可以使用的素材是富有变化的,因此,体育多媒体课件必须拥有一个几乎能被所有多媒体格式都兼容的体育多媒体课件创作开发平台,在能够提供或者应用各种各样大学体育教学素材的同时,还能够支持各种各样输入的设备格式。另外,还应该保证存在的所有素材都能够得到充分利用,产品不管是在哪一台计算机中都能够

适用。

④价廉原则

体育多媒体课件创作工具选择的价廉原则，是一种共同要求，在任何一个领域中都适用。当前“质优”是必要的前提。

(2)体育多媒体课件创作工具简介

在体育多媒体教学课件创作的过程中，选择体育多媒体创作工具的时候必须要对其存在的功能进行了解。通常来讲，体育多媒体课件创作工具具备的功能有很多，例如，第一，为体育多媒体的编程营造良好氛围；第二，多媒体数据管理功能；第三，超文本功能；第四，超媒体功能；第五，对于体育多媒体数据的输入和输出都能够有效的支持；第六，连接各种各样应用的功能；第七，友好的用户界面；第八，制作、编排动作的功能。

在体育多媒体教学课件创作的过程中，如果体育多媒体的创作工具存在于不同的界面中，那么就会同样存在不同的创作特点与创作风格，同时，每一种都会存在其各自的不同优点与缺点。但是，如何对这些界面不同的创作工具进行选择，主要依据是个人的偏爱与需要完成的创作任务。例如，如果仅仅是对学术会议的报告与研究生答辩内容进行制作，那么就不需要通过更加复杂的编程软件来完成制作，只需要对幻灯创作工具进行选择、使用就可以了。但是，需要进行说明的是，如果想要针对某一个领域中的教育教学软件进行制作，以便于更好地辅助个别化教育训练的开展，或者是在实际操作的练习中使用，那么就应该选择具有较强交互性的多媒体创作工具。对于几种比较常见的多媒体创作工作，作者进行了如下的分析。

①幻灯式多媒体创作工具

体育多媒体课件创作过程中的幻灯式多媒体创作工具，一般来讲是一种以线性呈现为主的体育多媒体创作工具。而此种创作工具在应用中就是通过一系列的幻灯片的排列来对过程进行呈现，也就是按照顺序分离并展示屏幕。而此处所提及的幻灯片，可以是简简单单的文字幻灯片，也可以是简单的图像幻灯片，还可以是由声音、图像、文字、视频或者动画等多种要素结合在一起的体育多媒体课件复杂组合。但是此种体育多媒体课件创作的幻灯式多媒体创作工具，在开始使用之前必须存在一个预先设置完整的展示程序。

对于体育多媒体课件创作的幻灯式多媒体创作工具而言，其某一些特殊存在能够将一定程度的交互提供出来，再按照一定顺序使体育多媒体教学课件界面中存在的键盘操作、鼠标操作与按钮操作立体起来。在对体育运动技术动作进行设计的时候，必须借助动作按钮的功能，完成超级链接，此外，也可以打开一些外部的程序。此外，对其包含的许多模版，人们可以直接调用，但是，此多媒体创作工具也是存在缺点的，即只存在简单的交互，甚至是缺乏交互，并且存在的交互只是在幻灯的线性序列的点之间进行跳转。在学术报告、汇报与演示过程中对此种幻灯式多媒体创作工具使用较多。

②书页式多媒体创作工具

书页式多媒体创作工具的主要特点是，将相关的大学体育教学内容制作成一本书的形式，当然也存在“页”，并且这些书页像书稿一样，也存在一定的顺序。而上述的这一特征同体育多媒体课件创作的幻灯式多媒体创作工具是近似，但是，两者之间也肯定会存在一定的差别，即在页与页之间也能够有效支持更多的交互形式，给人一种能够身临其境浏览真实书稿的感觉。可以说，书页式多媒体创作工具与幻灯式多媒体创作工具相比，在结构方面，交互能够在一页内完成，显示出更加丰富的特点。因此，在应用程序中实现智能，只能是利用页内不同的现实才能够完成。此外，还能够在打开某一本书的某一页内容的时候，同时打开其他的书籍，所以，对于更加复杂化的层次结构的建立，可以进行充分的考虑，也就是所谓的书架式的应用程序。对于此种书架式的应用程度而言，其原理在于在书架上，将多种多样的事物当作一本书进行放置。

③时基模式创作工具

这里所说的时基模式创作工具，是一种常见的多媒体编辑系统，主要将时间作为基础，通过此种编辑创作工具制作出内容近似的卡通片或者电影。时基模式创作工具通常是利用看得见的时间轴来对显示对象上演的时间段与事件的顺序进行确定。在这样时间关系存在的情况下，它的出现形式是许多的频道，从而能够安排多种对象，同时呈现出来。通常在这样的系统中会存在一个控制面板，主要是为了控制播放，一般来讲就像是常见的录音机与录放像机，主要包含了演出、快进、倒带、前进一步、后退一步、停止等按钮。

④网络模式创作工具

对于网络模式创作工具而言，它可以允许程序组成一个自由形式的结构，即可以从任何一个地方到另外的任何一个地方。同时，它存在着不固定的结构与呈现顺序。在利用网络模式创作工具进行创作的过程中，仍旧需要作者建立自己的结构，也就是说作者需要尽可能多地完成工作。但是，在所有模式的多媒体创作工具中，此种创作工具是存在多种层次，有比较适宜建立的应用程度。网络式的实现可以对任何一种程序语言进行利用，然而，它存在较高的计算机方面的要求。

⑤传统程序语言为基础的多媒体创作工具

对于程序员来讲，他们比较擅长编程，通常很难接受多媒体编辑创作系统的限制及对工具箱依赖的方式。在这样的情况下，不仅应适当地保留传统语言的特征，还要对于设计程序过程中的环境进行改进，使之能够向可视化操作系统转变。如果这样的话，程序员在程序编写的过程中，就能够在充分利用传统语言的同时，还能够对多媒体开发的工具箱进行应用，并且还能够直接使用工具箱内的这些编码，使之变成能够得到重用的编码。可以预见，此种多媒体创作工具存在的应用前景是相当广阔的。

四、基于 WEB 的体育多媒体网络课件的教学设计

（一）体育多媒体网络课件设计特点

基于 Web 的体育多媒体网络课件的设计，主要是强调大学体育教学过程中大学生的中心地位。在主动获取知识的环境下，教师和大学生的地位、作用和传统教学方式已发生了很大的变化，相应的教学设计理论与传统教学相比也出现了差异。因此，就需要围绕以大学生为中心、强调教师与大学生充分交互这一原则对体育多媒体网络课件进行设计，保证体现网

络教学特点的软件能被设计出来。

1.强调“以大学生为中心”的思想

在体育多媒体网络学习的过程中,应该使大学生自身的主体性作用得到有效的发展,使大学体育教学课内与课外相结合、体育锻炼活动自觉参与的精神得到展示。应该保证大学生能够在反馈信息的支持下,形成大学体育教学理论与方法的独到见解。

2.强调情境在获取知识中的重要性,强调大学体育教学信息的接受与传递不等同于知识建构的问题

在体育课程构建的实际情境中,能够开展一系列的学习相关活动,能够促进现有认知结构中的一些相关经验能够被学习者有效的利用,使他们对于现阶段所学的体育课程教学的新知识可以更好地固化、索引,进而将某种特殊的意义赋予到新的大学体育教学知识中。因此,在对体育学习情境进行构造的过程中,必须要强调知识点与知识点间的结构关系,注意不能只是简单地罗列大学体育教学内容。

3.强调获取知识方面,协作学习发挥的重要作用

在设计体育多媒体网络课件的过程中,保证学习者与周围环境之间存在的交互作用,以及网络环境强化协作学习环境的作用能够得到充分、有效的发挥,这对于学习者充分理解大学体育教学内容有着非常重要的作用。

4.强调学习环境的设计

这里所说的学习环境,通常指的是学习者能够自由地进行学习与探索的场所。在学习环境中,大学生为了能够顺利实现自身的学习目标,需要充分地利用各种信息资源与工具。基于 Web 的体育多媒体网络课件的设计,在以大学生为中心思想的指引下,并不是从大学体育教学环境进行设计,而是针对学习环境展开一系列的设计。

5.强调学习过程中各种各样信息资源的有效利用

在体育多媒体网络学习开展的过程中,为了能够有效促进学习者对知识的主动获取与探索,需要将更多有效的各类信息资源提供给学习者。对于这些媒体与资源应该要科学合理利用能够促进大学生自主学习活动与协作式探索的顺利开展。因此,在选择、设计同传统课件设计相关教学媒体的问题上,需要应用全新的、有效的处理方式。例如,充分考虑到如何获得信息资源、获取信息资源的途径有哪些、怎样有效利用信息资源等多项问题。

(二)大学体育教学内容选择与组织

只有精心选择和组织大学体育教学内容,才能够使 Web 的优势得到充分利用。具体的做法主要包含以下几个方面的内容。

1.教学内容的多媒体化

对大学体育教学开展的过程汇总,不仅可以使用文字和图片,还可以利用声音、动画和视频。如果大学体育教学内容具体多元化的形式,那么也要综合设计大学体育教学内容的形式,综合利用文字形式、图片形式、声音形式、视频形式与动画形式等多种大学体育教学手段,详实地解说体育运动技术动作的要点、方法、难点、练习方法、容易犯的错误、纠正错误的方法等多个方面的问题。

2.补充体育课程教学相关内容与链接

在体育课程教学开展的过程中，不仅能够将体育课程教学大纲要求的内容引入其中，还可以融入大量的相关信息与知识。例如，在《篮球》中，不仅仅包含体育课程教学大纲中规定的一些技术教学内容与战术教学内容，对篮球运动的所有技战术进行了扩展，同时，还补充了篮球运动技战术实战应用的内容。在完成体育课程教学大纲要求内容的同时，使爱好篮球运动的大学生能够了解学习国内外先进的篮球运动战术、教学与训练相关网络站点。此外，还能够对网络连接的特点进行利用。

3.大学体育教学内容动态更新

在体育课程网络教学开展的过程中，大学生体育学习教材由体育教师负责编写的传统方式已经不再适用了。这主要是因为在体育课程网络教学中，学习者可以自由地浏览大学体育教学课件的相关内容，同时，还能够通过网上教师答疑解惑与课程互动讨论等教学手段讨论大学体育教学内容，同时，还可以提供一定的修订意见，促进大学体育教学互动过程中教师与大学生对教材进行共同编撰可行性的实现。经过了体育相关教材的共同撰写以后，大学生能够充分表达自身的问题与意见，从而使体育课程网络教学过程中大学生的参与感得到大大提高。

（三）体育多媒体网络课件的结构设计

在设计体育多媒体网络课件结构的时候，需要考虑的因素有：大学体育教学的目标、大学体育教学的内容、交互方式的性质。体育多媒体网络课件结构主要建立在大学体育教学内容的基础结构上面，它可以保证体育多媒体网络课件的相关教学功能与大致框架得到充分的反映。

对于体育多媒体网络课件而言，其总体结构主要由两个部分内容构成，分别是大学体育教学的内容和网络交互。大学体育教学的组成内容，不仅包含体育课程教学大纲要求的全部内容，还包含一些扩充性的知识。在大学体育教学网络手段应用的前提下，大量同体育课程教学核心内容相关的补充性知识在体育课程教学内容中能够有机融合，进而促进营造一个大学体育教学资源的特定环境。对于那些存在不同兴趣、爱好的大学生而言，这样能够保证他们的个性化学习活动给予适当的支持。在大量扩充性知识得到引入的情况下，极大地丰富了体育多媒体网络课件的内容。对于体育多媒体网络课件而言，其主要内容包含了体育理论课的教学内容与体育实践课的教学内容。

对于体育多媒体网络课件而言，其主要内容包含了多项内容，例如，相关课程的介绍、课程讲解的要点内容、教师答疑解惑、课程讨论、作业处理与课程公告等。其中，相关课程的介绍主要有对学习总体目标的介绍、考核的办法、学习方法、学习进度与课时安排等的介绍；课程讲解的要点内容主要有每一个项目的教学任务、技术动作的要点、技术动作的难点、练习方法、容易犯的错误与纠正的方法等。

（四）撰写脚本与设计素材

多媒体手段的引入使得大学体育教学内容的形式得到多元化的发展，在体育网络课件撰写中需要对素材的撰写和设计进行考虑。这里所说的素材，主要包含文字、图形图片、声音、动画和视频等，对于这些不同类素材之间的连接关系也要进行考虑。

1. 文字脚本的撰写

通常通过对Word软件的利用来实现文字脚本的撰写，在内容的问题上，不仅仅要考虑大学体育教学的知识点，还要利用文字清晰地表达出教师的讲解，另外还要在引入图形图片、动画及视频的文字做出标记，以便于后期的制作者使用，所以，在字数上，文字脚本是传统教材的2～5倍。

2. 声音脚本的撰写

在网络条件的制约下，如果在大学体育教学网络课件中大量应用声音文件，很有可能会降低了其最终的运行速度，所以，声音文件的使用只能在特别需要的地方才可以，例如，对动画的解说，对视频的解说，等等。同时，在对这一种类别的声音脚本进行撰写的时候，首先要进行考虑的是目标动画与目标视频，同时，按照动画的解说与视频的解说，对时间与内容开展配音，需要注意的是，应该保证配音脚本的精练化，同时，将动画与解说的过程与配音的过程紧密地联系在一起。

3. 关于图形图片的设计

人们常说的图片，就是指利用拍照技术而生成的图片。当体育教师向大学生讲解大学体育教学内容的时候，可能需要使用到大量的图片。人们常说的图形，就是指利用计算机的相关软件而绘制出来的示意图，例如，篮球运动技战术配合的相关线路等。在对图片进行拍摄以前，体育教师应该针对每一个技术动作按照文字讲解的实际需要进一步设计照片拍摄的地点与数量。通过计算机相关软件绘制出的示意图，不仅要对相关的内容进行表现，还要对图形的种类进行确定，可以使二维图形的绘制，也可以使三维图形的绘制。从原则上讲，为了能够适当地降低基于Web的体育多媒体网络课件的制作成本，尽量对二维图形进行使用，而放弃三维图形的使用。

4. 关于动画的设计

这里所说的动作，主要是指动态的图形或图片。在基于Web的体育多媒体网络课件中，动作的使用只是为了表达原理性的一些内容，例如，体育教师在讲解球类运动的战术配合问题的时候，就需要应用到二维动画。在对相关动画进行设计的时候，首先需要进行设计的就是最原始的静态图形，然后需要通过文字与图示对初始动态图形的每一个变化过程进行说明，其次要以文字撰写的形式编写相应的解说文字。对于动画脚本而言，其主要构成有：每一步动作的图形、说明性的文字与线条、图片中的文字提示、解说的文字等。一般来讲，一套规范的制作表必须通过制作人员和脚本撰写人员一起来进行商讨、确定，这对于撰写脚本与双方交流活动的开展能够起到一定的促进作用。

5. 关于视频的设计

在基于Web的体育多媒体网络课件设计过程中，视频的拍摄类似于图片的拍摄。通常来讲，视频的拍摄和图片的拍摄在步骤上是一致的。同时，如果拍摄过程中使用的是数字摄像机，那么图片拍摄与视频拍摄事实上就处在同一个过程中。

6.关于功能的设计

对于基于Web的体育多媒体网络课件而言，其功能的设计内容主要有：对于课件界面的层次选择、导航模式设计、按钮的选择、功能按钮的确定、课程内容展示方式的确定、类型不同素材的连接方法确定、课件内容文件结构的确立等。功能设计的目的主要是最大限度地使用多媒体网络手段，以便于能够使特定内容对教学活动辅助作用的完成起到一定的促进作用。在基于Web的体育多媒体网络课件中，按照总体结构的相关要求，通常通过三级结构对界面进行设计，分别是：主要界面（也就是网络课件的主页面）、选择内容的界面、讲解内容的界面。

在基于Web的体育多媒体网络课件的主要界面中，通常存在两组可以选择的按钮，分别是：大学体育教学内容组按钮、网络交互组按钮。为了可以适当地减少页面切换的数量，从而提升基于Web的体育多媒体网络课件的运行速度。因此在选择内容的界面，在设置每一节内容选择按钮的同时，还要设置每一章节的切换按钮。针对某一个大学体育教学内容，综合利用各种各样形式的大学体育教学手段，可以采用的大学体育教学手段有：文字介绍、动画讲解、图像图片、录像片段等。不仅如此，基于Web的体育多媒体网络课件还可以设置其他超文本链接形式的按钮，在基于Web的体育多媒体网络课件中，其界面存在的各式各样的按钮充分考虑了大学生各种需求。此外，还可以科学合理地增加按钮的趣味性与动态效果。

基于Web的体育多媒体网络课件作用的主要表现是，使实践课中理论讲授时间紧且不系统的问题得到较好的解决，可在网上完整系统地讲授体育课的教学内容，供不同需求的大学生在网上进行个性化学习；可以利用多媒体的手段对体育运动技术动作要领进行形象生动地讲解，便于大学生重复多次地进行观摩与学习，保证统一的、规范的动作，从而保证基于Web的体育多媒体网络课件对于课外体育锻炼能够起到很好地辅助作用；应该充分地利用网络上能够提供的条件，对于相关的问题，体育教师应该指导大学生进行讨论，并且为其答疑解惑；等等。

基于Web的体育多媒体网络课件，其应用与发展在对大学体育教学手段与大学体育教学方法进行改革与创新的同时，还会在一定程度上影响到体育教育理论的发展与大学体育教学模式的发展。未来多媒体课件中的一种重要形式就是基于Web的体育多媒体网络课件，同时它也将成为网络教学发展的重要资源基础之一。

第三节　现代信息技术在大学体育教学中的应用

一、信息技术与体育教育专业课程整合的内涵与意义

（一）信息技术与体育教育专业课程整合的内涵

一般情况下，我们对“信息技术”这一概念有两个方面的基本理解。

具体来说，所谓信息技术，一是指包括多媒体、计算机、网络为代表的传递信息的技术手

段的总称；二是对信息的获取、理解、分析、加工、处理、传递等有关技术的总称。

从大体上来看，在我们生活中所接触到的，只要是和信息技术处理这一方面所相关的，我们都可将其列入其范围内。当然，在我们现代生活中出现最多的计算机在信息技术中占有非常重要的地位。

借助于信息技术，人们可以更多、更快、更准确地接受、析出、反馈各种信息。借助信息技术传输信息，使得科学技术、政治、经济、教育等多个领域发展的节奏大大加快。

综上所述，信息技术与课程整合从本质上可以理解为是一类学习模式或一类教学模式。与其他教学模式的主要区别在于，将信息技术与我们日常所接触的教学融合在一起，在这个融合后的教学中，核心是数字化学习，其教学理念是信息技术与课程的整合。通过这样一种方式，我们即可将实际课堂氛围丰富活跃起来，使大学生更加乐意去学习，从而提高学习效率。

作为认知工具、情感激励工具、教学环境的创设工具，将信息技术融合进教学过程，核心是数字化学习；信息技术与课程整合也是一种理念，强调建立新型的基于信息技术的教学模式和学习模式，强调让学习者使用信息技术进行自主学习、探究学习和协作学习。

（二）信息技术与体育教育专业课程整合的意义

以信息技术为代表的现代教育技术，具有传统教育手段无法比拟的功效。信息容量大、传递速度快、自主性和选择性强、能提高学习效率和降低学习成本等，是人们最感兴趣的信息技术的教育应用功能。把获得的知识（信息）与获取信息的技术有机地结合起来，即教育内容与教育手段在教育过程中的完满结合，是信息技术应用于教育的最好方式。

二、信息技术与体育教育专业课程整合的理论基础

（一）一般理论基础

这里我们所说的一般理论基础主要是指两种理论：第一种是人本主义学习理论，第二种是建构主义学习理论。

1. 人本主义学习理论

对于人本主义学习理论来说，它更加强调大学生为“中心”的教育理念，坚持自由为基础的学习原则，提倡学习的主动性和自发性，强调教材要有意义，鼓励大学生的自我评价，重视学习者的自我实现、自由发展。大学生个体之间在学习能力方面的差异是客观存在的，这种差异在体育教育专业术科课程具体项目的学习中，表现更为突出。因为不同的体育运动项目对于参与者有一定的身体条件上的基本要求，而这些基本要求有一些是取决于先天遗传的。因此就造成了在学习同一个运动项目时，大学生的个体差异很明显。

以体操课程为例，在这类课程的教学中，大学生的柔韧性对学习效果的影响是比较明显的，而人体的柔韧性受先天遗传因素影响相当大，因此在教学实践中经常会看到一些柔韧性较差的大学生，虽然付出了较他人更多的精力，但学习效果并不理想。因此，在设计教学时，就要基于人本主义学习理论的理念，尽量考虑到每个大学生的学习能力，区别对待，重视大学生的自我实现。

2.建构主义学习理论

对于信息技术与体育教育专业课程整合来说，建构主义学习理论也具有针对性的指导意义。在这里我们不得不提到另一种理论——技能迁移理论。这种理论在运动技能教学中的运用早在20世纪60年代就已经形成，它与建构主义学习理论在本质上有许多共同之处。

比如说在术科（指田径、球类、体操和武术类课程）的教学中，比较法经常被应用在技能形成的各个阶段，经常可以看到教师将大学生学习过的技术与新技术进行比较。对于新生，有经验的教师会根据大学生的特点，借用一些非常形象的、大学生以前经历过的技术技能来完成，如学习排球的扣球挥臂动作，教师会用"鞭打动作"来形象地讲解。这些都是运用运动技能迁移的理论，实际上也就是在帮助大学生将他原有的技术技能重新组合，"构建"新的技术技能。因此，也可以将技能迁移理论视为建构主义学习理论对信息技术与体育教育专业课程整合的具体理论指导。

（二）专业理论基础

这里我们所说的专业理论基础，主要是针对体育专业这个学科来说的，一般情况下，对于体育专业来说，其学科专业理论基础主要表现在以下方面。

1.运动生理学

体育教育专业的教学中有许多问题需要从运动生理学中寻找理论依据，例如大学生在术科学习中要进行大量的身体练习，所以要承受一定的生理负荷，因而教师在计划练习时要考虑大学生身体的生理反应；在学习运动技能时，由于伴有复杂的高级神经活动，使得运动技能的形成过程出现泛化、分化和自动化三个阶段，各阶段人体各感知器官的生理活动各具特点，运动生理学为把握这些特点提供了依据。要使信息技术成为体育教育专业大学生的认知工具和情感激励工具，必须将运动生理学作为重要的理论依据。

2.行为主义理论

行为主义理论，习惯上我们又将其称之为"刺激—反应"理论，从某种程度上来说，这可以说是我们目前学习的主要流派。人们在日常生活中需要思考，尤其是当我们陷入困境需要找到一些解决办法的时候。所以，从这个角度我们即可发现，实际上我们的思维是在与我们所生活的环境发生某种联系时出现的，也就是当外界的环境刺激我们的时候所产生的，实际上也就是上文中所说的这个"刺激—反应"。人们在受到外界的刺激之后相应地做出一系列的反应，学习者所需要学习的就是受到这种刺激以后的种种反应。学习者学到些什么，受环境的影响，而不是由个体决定的，因而个体的行为都是后天习得的。

运动技能的形成是一个连续的、渐进的过程，有其形成的基本规律，行为主义的学习理论是运动技能教学的理论基础之一。行为主义认为，学习要承上启下，由易到难，循序渐进。这有利于大学生在学习中获得更多的成功体验，达到事半功倍的效果，提高大学生的学习兴趣。同时，在容易的环节先打好基础，也为以后更难的学习创造条件；行为主义强调学习要多训练，多给大学生锻炼的机会。

如果在教学过程中，教师只是传授基本的理论知识和技能，大学生单纯地被动接受，而不进行练习，那么所学的知识和技能也是死知识、死技能，没有什么价值。只有经过反复的、经常的练习，才能学以致用；行为主义强调及时给大学生反馈，对大学生的反应给予表扬与批评。大学生通过教师的及时反馈，能够知道自己学习中存在的问题，及时地改进学习方法，少走弯路。

任何事物都会有其不足的一面，行为主义理论也不例外。行为主义学习理论片面强调外显行为而忽视有机体的内部过程，其忽视社会语言文化刺激对人的影响的复杂性，把源于动物学习的规律搬到人类学习活动中。由于具有机械主义的特征，它遭到了人们的质疑和批评。但是对于简单的行为、技能的学习，行为主义的教学方法还是有可行性的。

三、信息技术与体育教育专业课程整合的可行性

（一）体育教育专业课程的基本特点

一般情况下，体育教育专业课程的基本特点主要表现在三个方面：专业课的性质、教学过程及课堂所学习的内容。

1.专业课的性质所体现的课程特点

专业课从某种程度上能够体现课程的特点，在这部分内容中我们将着重对其特点进行分析。

（1）专业的定义

一般情况下，我们在学校教育中所说到的专业，主要是指高校或中等专业学校根据社会分工需要而划分的学业门类。

（2）体育专业课程体系

《全国普通高等学校体育教育本科专业课程方案》对体育教育专业培养目标和课程体系进行了规定。对体育教育专业课程总目标的阐述是，本专业培养能胜任学校体育教育、教学、训练和竞赛工作，并能从事学校体育科学研究、学校体育管理及社会体育指导等工作的复合型体育教育人才。

2.教学过程所体现的课程特点

体育教育专业的主干课程中，认知类课程的教学特点与其他以理论知识为主要学习内容的学科专业的课程基本一致。一般，操作类课程习惯上被称为“术科”课程，这类课程有其特有的认知规律，而体育教育专业的术科课程还不同于一般学校体育课，区别不仅在于课程目标和课程内容，而且教学过程也有区别。

通过我们对课程的了解发现，在一般学校体育课的运动技能教学中，大学生是通过身体练习结合积极的思维活动进行学习的，动作方法和动作要领是通过视觉和听觉感官反映到人脑中，在练习中，一直伴随着积极以第二信号系统为主的思维过程。对于体育教育专业的大学生更是如此，他们不仅要掌握一般的动作方法和要领，还要知道“标准动作”的标准。非体育教育专业的大学生掌握动作不一定要非常“标准”，只要基本正确即可。因为各人的解剖和生理结构不尽相同，同时他们也不一定要牢记“动作方法和要领”。但对于体育教育专业的大学生则不然，虽然他们也不一定能够掌握得十分标准，但他们必须尽量接近“标准”，而且还要记住正确的动作方法和要领，这是他们将来所从事的专业的需要，也就是说体育教

育专业术科的教学,不仅要使大学生掌握运动技能,而且还要使大学生掌握运动技能的传授技能。

对于术科的课程来说,其本身专业的技能性与专业性较高,因此,对于大学生的先天素质有一定的要求,这是由体育运动的特点决定的。对于具体项目的术科课程来说,大学生的个体差异对教学效果的影响更大,因为不同的体育运动项目对于学习者的基本要求也不一样。例如,排球与体操相比较,对学习者弹跳力的要求要高一些;而体操与排球相比较,则对学习者的柔韧性和力量素质要求高一些。

在实际教学过程中,大学生的个体差异大给教学的组织和教学方法的运用带来许多难题。另外,术科教学中大学生的活动都是在"动"中进行的。根据教学内容,教师往往要采用多种练习的形式(教学手段)让大学生进行练习,这些练习形式需要教师根据大学生的学习情况、现有技能、场地器材条件、天气情况等合理安排。因此在术科的教学中,教学过程的组织具有更重要的地位。

术科教学主要形式就是身体练习,所以大学生在术科学习中必然要承受一定的生理负荷,这也是有别于学科教学的地方。在承受生理负荷的情况下,大学生的心理也必然会承受比学科学习更大的压力,因此,术科教学对于锻炼大学生的心理素质也有一定的作用。

大多数的术科教学中,大学生都是在进行协作学习。因为许多身体练习都是要在与同学协作的情况下完成的,因此,术科教学在培养大学生的协作能力方面具有其他学科的教学所不及的作用。

3.课堂学习内容所体现的课程特点

对于知识这个名词,大家都不陌生。就知识的表现形式而言,可分为认知性知识和操作性知识。一般情况下,知识的表现形式,即概念、判断、推理、假说等思维活动,其本质就是广泛意义上所说的心理活动,心理学上称之为认知。根据这一点,我们把表现出典型的思维特点的知识称作认知性知识;而那些表现出典型的外部运动特点的知识,被称作操作性知识。操作性知识不是以单纯的认知形式来做表现,而是直接表现为身体运动系统反复操作之后所形成的数量庞大、种类繁多。如竞技体育中的运动技术、劳动生产中的手工技术等。

从课程内容的表现形式上划分,体育教育专业的课程可以分成认知性知识(理论知识)和操作性知识(实践知识)两部分。认知性知识内容主要包括课程标准的主干课程中人文社会学类和运动人体科学类课程。操作性知识主要包括田径、球类、体操和武术课程。但是,后四类课程不是纯粹的操作性知识,其中又包含了一部分认知性知识,如各项技术的一般理论。所以说,体育教育专业课程的学习内容是认知性知识和操作性知识的综合体。

从某种程度上来说,体育教育专业课程是认知性知识和操作性知识的综合体,所以支撑各门子课程(如果将体育教育专业课程看作是一个课程系统的话)的理论也就必然是多样化的。对于认知性知识来说,主要的学习理论是心理学各种认知理论。而对于操作性知识来说,除心理学的各种认知理论之外,还需要人体生理学、人体解剖学、运动生物力学、运动生物化学等理论作为支撑。

(二)信息技术与体育教育专业课程整合的可行性

从整体上来看,信息技术与体育教育专业课程整合的可行性主要表现在四个方面,分别是信息技术环境的全力支持、职业素质的需要、大学生与教师主观上的支持以及当代教育发展的趋势。

1.信息技术环境的全力支持

在信息技术环境的支持方面,我们主要从两个方面来对其进行分析:一是无形的信息技术环境,另一个是有形的信息技术环境。

(1)无形的信息技术环境

这里所说的无形的信息技术环境,主要是针对教师和大学生这个群体,指他们的信息素质。信息素质也称为信息素养,是指信息意识、信息伦理道德和主动高效地获取信息与处理信息的能力,它是信息社会的公民必须具备的基本素质。

信息技术在教学系统中充当的是"媒体"和"联系"的角色。对于"教师"这个教学系统的要素来说,信息技术是工具,教师借助它将教学内容传递给大学生,借助它与大学生进行交流,借助它得到关于教学过程的反馈信息。因此,教师具备良好的信息素质,也是实施素质教育、培养21世纪新型人才的根本保证。

随着信息技术的发展和不断渗透到社会生活的方方面面,加之对教师现代教育技术的培训(这是教师上岗的基本条件),与信息技术有关的各种概念逐渐深入体育教育专业教师,尤其是年轻一代教师的思想中,并且体现在日常生活和教学工作中。他们在教学实践中多多少少总会应用一些现代教育技术。

实际上,大学生本身所具备的信息素质,直接决定了信息技术获取知识的认知工具的作用及效率。随着信息技术教育的不断普及和发展,以及整个社会的信息化进程的推进,当今大学生的信息素质已经较20世纪末的大学生提高了很多,一些最基本的信息素质在基础教育阶段就已经打下了基础。而且,许多学习和生活用品的数字化、智能化,尤其是网络的迅猛发展,对大学生信息素质的提高都起到了潜移默化的作用。例如,对于现在的大学生来说,"如何上网"已经不需要在课堂上学习了。由此,我们便能看出,大学生已经具备的信息素质为信息技术与体育教育专业的整合奠定了环境基础。

信息化教育提倡以资源为中心的学习。随着社会的发展和通信水平的提高,特别是因特网的飞速壮大,信息的内容和总量都得到了极大的丰富,与课程相关的信息资源越来越丰富。这对大学生和教师的信息素质要求日益明显。所以,在这种机遇与挑战面前,信息技术与体育教育专业课程的整合更具有可行性。

(2)有形的信息技术环境

这里所说的有形的信息技术环境,通常情况下主要指校园与信息技术有关的硬件(包括支持软件在内)环境。通过相关人士对信息技术应用情况的调查与研究可以发现,在所有的课程中共有将近300门课程具备网上学习的条件。在一些国家级和省市级的精品课程中,全部都采用了各种形式的多媒体课件作为教学的手段。

2. 职业素质的需要

我们都知道，体育教育专业的培养目标是“本专业培养能胜任学校体育教育、教学、训练和竞赛工作，并能从事学校体育科学研究、学校体育管理及社会体育指导等工作的复合型体育教育人才”。一般来说，在体育教育专业中学习的大学生大多数将成为各类学校的体育教学师资。因此，对于体育教育专业的大学生来说，信息素质的培养是本专业课程的“潜目标”。信息技术与体育教育专业课程整合，符合这个“潜目标”的需要。因为信息技术与课程整合的教学形式，既需要大学生的信息素质支持，又能够在教学过程中培养大学生的信息素质。

3. 大学生与教师主观上的支持

在现在的体育教育专业课程教学中，无论是体育人文社会学类，还是术科的理论课，教师在教学课堂上一般都是借助多媒体课件作为教学辅助手段，这大概已经是我们司空见惯的现象了。更有许多运动技能的教学课，应用多媒体课件作为示范演示的手段。这些现象说明，多媒体技术已经成为教学的主要技术手段之一，信息技术在教学中的应用已经得到教师的认同。

随着体育教育专业教师信息素质的提高，信息技术与体育教育专业课程整合的理念也将逐渐融入他们日常的教学之中。

4. 当代教育发展的趋势

面对 21 世纪信息化发展的浪潮，各个国家都在加强教育信息化，把教育信息化作为整个教育改革的突破口。那么，在科技如此发达的今天，我们该如何迎接全球信息化给教育带来的机遇与挑战，似乎已经成为教育领域的重大研究课题，加快教育信息化发展的步伐已成为共识。

从某种程度上来说，信息容量大、传递速度快、自主性和选择性强、能提高学习效率和降低学习成本等，是人们最感兴趣的信息技术的教育应用功能。把获得的知识或者是信息与获取信息的技术有机地结合起来，简单来说，实际上就是将教育内容与教育手段在教育过程中的完满结合，是信息技术应用于教育的最好方式。信息技术与课程整合就是符合这种理念的教学形式。信息技术与课程整合的教学形式有利于培养大学生的信息素养，有利于提高大学生的创新能力，有利于提高大学生的协作能力。而这三种素质是新时期人才的基本素质。

四、信息技术与体育教育专业课程整合的教学模式探索

（一）教学模式的选用依据

教学模式多种多样，各种教学模式的教学功能和适应条件也不尽相同。

针对一门具体的课程（“篮球普修”）或针对具体的一次课中的一个教学内容（如学习单手肩上投篮技术）来说，如何从众多的教学模式中选出适合本课程（或本教学内容）的教学模式是需要教师认真考虑的问题。

要进行选择，必然要考虑选择的依据。选择的依据确定了，选择也就易如反掌了。

任何教学模式都包含着教学理论、教学目标、操作程序、教学条件和评价等要素，这些要素就是选择教学模式时应该考虑的选择依据。

1.教学目标

众所周知，教学目标是教学模式的关键所在，在一定程度上教学目标能够制约操作程序、教学条件，同时也是教学评价的标准和尺度。教育目标的不同，决定了教学模式的选择，在这个时候我们一定要选择一些更加有利于顺利完成教学目标的教学模式。

比如，我们可以重点培养大学生的自学能力，这个时候我们需要采用“自学—指导”的教学模式，而想要培养大学生的技能和实际生活技巧的时候，我们就可以采用“示范—模仿”的教学目标。

2.教学内容

在不同的学科之间或者是学科相同而学习内容不同的时候，我们应该采取不同的教学模式，切实有效地真正做到区别对待。就拿人文类的教学内容而言，这时采用“情境—陶冶”的教学模式就会显得更加切合教学的环境与情况。而对于数学和物理等结构性和严谨性比较强的学科而言，这时我们就要采取“结构—发现”的教学模式，这种教学模式在一定程度上能够更加全面适应当前的教学情况。

3.教学条件

教学条件保证着教学模式功能的有效发挥。此处的教学条件包括人和物两方面的条件。参与教学活动的“人”就是大学生和教师。教学活动是由大学生和教师共同协作完成的。因此，选择教学模式必须考虑大学生和教师的情况。在大学生方面主要考虑大学生现有的知识、技能和智力水平。

不同的教学模式对大学生的素质也会有不同的要求，包括大学生的知识、智力水平等都会有很大的差异性。这个时候，我们就要选择那些真正适合大学生年龄特征、大学生身心发展水平的一种教学模式。

比如，在我们生活中比较常见的“自学—辅导”“探究—研讨”等比较人性化的教学模式，在我们执行任何一种教学模式的同时，都会要求大学生有一定的对于旧知识的掌握和了解，并且要求大学生对一些比较基础的自学方法和思维方法进行全面的掌握。

教学模式的运用总是离不开教师自身的运用，所有的教学模式都是需要通过教师来进一步实现的。每个教师在选择自己的教学模式的同时，一定要考虑大学生自身的能力、学识以及才智等因素，尽量能够找到一种既能够施展自身的才华和教学经验，又能真正适合大学生的教学模式。

教学的物质条件包含很多种，包括学校所能够提供的仪器、图书、设备等。当我们脱离了现实的层面，选择一种不适当的教学模式的时候，一般都会加重师生的负担，进而降低原有教学模式的价值。另外，教师在进行教学模式的选择时，务必要对教学的时间进行一个详细和全面的把控。

（二）信息技术与体育教育专业课程整合的教学模式探索

1.理论课的教学模式

体育教育专业的理论课内容，除所有体育人文社会学类课程和运动人体科学类课程的内容之外，还包括实践课的理论内容。在大学生这个年龄段，人生的价值观已经基本形成，逻辑思维占据主导地位，学习的动机相对而言已经达到较高的水平，学习的主动性较强。

根据大学生年龄段的学习心理特点和知识结构特点，以建构主义学习理论为理论基础的各种形式的个别化教学模式，应该是体育教育专业理论课教学的首选。

对比体育教育专业理论课程的内容，结合"信息技术与课程整合条件下的一般教学模式"的分析可以看出，已经在其他学科中得以广泛应用的这些教学模式，大部分都可以在体育教育专业课程的理论课内容的教学中得到满意的应用。不过，体育教育专业的理论课程多数都具有较强的实践性，所以这些一般教学模式应该根据具体课程教学内容的特点进行"专业化"。

例如，"网络化的讲授型教学模式"结合师生面对面的答疑和辅导，就会取得比其单独应用更好的效果。因为"网络化的讲授型教学模式"缺少教师与大学生之间的、面对面的交流沟通，而师生之间良好的交流与沟通对教学效果有重要的作用。

2. 术科实践课的教学模式

技能的教学是体育教育专业术科实践课的主要内容，因此适合技能教学的教学模式是体育术科实践课主要的教学模式。传统的"示范—讲解—练习"教学模式在教学中得到普遍应用，是一种被实践证明行之有效的教学模式。

在信息技术与课程整合条件下，我们仍然应该对此加以重视。因为这种教学模式不只符合运动技能形成的特定规律，对大学生的认知特点也有一定的适用性。这个时候，我们需要做的就是把大学生需要掌握的技能或者是教师自身需要做的讲解、示范等部分，进行全面的信息化。

先分析一下在"示范—讲解—练习"教学模式教学信息的传递过程。在用传统的运动技能教学模式进行教学时，教师通过自身示范（或已经掌握技术的大学生的演示）和图片、影视等媒体的帮助，向大学生展示将要学习的运动技能。大学生通过自己的视听觉接收教师的示范信息，然后经过第二信号系统的加工形成运动表象，用这个表象指挥自己的肢体模仿示范动作。这时大学生的本体感觉只是建立在对自己的模仿动作的基础上，他并不知道正确动作的本体感觉是什么样的。

在模仿练习过程中，教师的辅导不断地纠正大学生根据自己的表象对正确动作的理解而做出的动作。在这个过程中，教师要及时有语言提示和帮助（例如，手把手地帮助大学生完成动作）、有针对性的辅助练习对大学生形成正确动作的本体感觉都有十分重要的作用。

大学生只有知道了正确动作的本体感觉，他才能够正确完成动作，即正确地"建构"新运动技能的本体感觉，否则，只是"照葫芦画瓢""照猫画虎"，并没有掌握动作要领。

从以上的分析可以看出，要让大学生尽快掌握动作要领，教师正确的示范（动作正确、示范方法正确）作用十分重要。

然而，仅建立正确的表象，还只是运动技能学习的第一步，运动技能形成过程的三个阶段更多地对大学生的本体感觉提出了要求。实际上，所谓"有经验的教师"的"经验"也主要体现在这个阶段。

但是，目前教师的这种能力还很难由计算机进行代理，因为这种能力很难用语言准确描述。这也正是信息技术与术科课程深层次整合的关键技术。这个关键技术中有几个问题要解决。

首先,信息的采集。指本体感觉的采集,就目前的采集技术来说有两大类采集技术,一类是有接触采集,如电极刺入人体、电极贴在机体表面等,这类方法可以应用于部分简单的动作,如射击的举枪。缺点是妨碍运动,另外,刺入式是有创伤的,可能会导致其他生理上问题出现。另一类是无接触的,那就只能根据间接方法来推算了。可见准确程度不高,实际应用价值不大。

其次,"专家思想"如何实现。教师、教练恰到好处的提示和帮助,如何转变成计算机能够处理并且模仿的事件。

再次,效应器的问题。要解决计算机处理结果用何种方式作用到人体。信息技术与术科课程整合必须解决如何让大学生的本体感觉在信息技术的帮助下自主地构建。

根据以上的分析,可以得出对传统的"示范—讲解—练习"教学模式信息化的基本思路。依据这个思路,我们构建了一个可应用技能教学的信息化教学模式,暂且将这种教学模式命名为"信息化的'示范—讲解—练习—评价'教学模式"。这个教学模式的实际教学应用运行过程可能有如下两种方式。

第一种,是大学生在没有教师的情况下进行学习,也就是自学。

基于 Web 的教师智能代理(Agent)系统,根据大学生的请求和选择提供将要学习的技术动作的示范,设置在运动场馆内的计算机通过投影或显示器呈现给大学生;之后是系统为大学生做讲解,讲解的同时结合示范动作的慢速加定格重摇。

如果在开始学习之前,大学生向系统提供一些已经具备的技能和知识,则系统还会根据大学生已经掌握的其他技术动作,结合技能迁移的原理进行动作要领的讲解;接下来系统将根据场地、器材、大学生体能和技能情况给出练习方法;经过一段时间的练习后,大学生将自己的技术动作录像后输入系统,系统将会对其进行评价;如果尚未掌握或出现错误,则给出继续练习的方法或纠错的方法。

第二种,是在有教师的情况下进行学习。

此时教师的作用主要表现在辅导和帮助两个方面,例如根据大学生在练习时出现的问题及时给予纠正;根据掌握动作的情况提示调整学习的进度等。

显然,这种情况下,大学生掌握运动技能的速度会比第一种情况更快。而与传统的教学模式相比,教师可以节省出讲解示范的时间用在辅导和帮助大学生上;大学生可以根据个人的情况及时调整学习进度,而不必跟着教师的进度走。

这个教学模式的关键信息技术就是基于 Web 的教师智能代理系统。而这个系统中一个重要的模块,是对来自大学生的技术动作录像的识别与评判。这个模块中的技术关键是对大学生的技术动作录像的识别,能够将技术动作从录像中识别出来,后面的评判就根据识别的结果与专家库中的数据进行比对、评判了。

上述对"示范—讲解—练习—评价"教学模式的信息化方式,同样可以用于其他的传统运动技能教学模式。这样,我们就可以获得更多的适合信息技术与课程整合理念的运动技能教学模式。

信息技术与课程整合的实质，就是在课程中信息技术是大学生的认知和学习情境的创设工具，教学系统的结构要素通过信息技术联系起来。信息化的示范、讲解和教学信息的反馈，可以为更多的学习者根据个人的条件和学习特点所利用，而不是仅仅局限于在有教师的情况下、在课堂教学的环境下才能够进行，因而可以实现"自主、探索、协作"的理念。

但是，就目前的信息技术来看，练习中大学生掌握技能情况反馈的信息化是这种教学模式完全信息化的难点。体育教育专业的实践课，主要是运动技能及其教学方法的学习，运动技能的形成是一个相对复杂的过程。

就目前的信息技术而言，运动技能形成过程中的生理现象还无法用信息技术进行监控。例如，任何一项运动技术的形成都会经过泛化—分化—自动化的过程，而这个过程的长短主要取决于学习者正确的运动器官的本体感觉形成的快慢。而人在运动中的运动器官的本体感觉，目前还无法用信息技术描述。

实际上，主要是这些感觉还无法用语言描述，教师只能用运动技术的外部特征让大学生建立技术动作的概念。这种方法用于静止动作还可以，用于动态的动作就很难说清技术动作的关键了。因为无法描述肌肉收缩的具体数值和时间力量曲线，只能够根据大学生在练习中的外部表现给予及时的语言刺激和肢体上的帮助。

因此，信息化的教学模式在体育教育专业实践类课程中的应用，相对理论类课程来说是滞后的。目前常见的信息技术在实践类课程教学中应用，多数都是作为演示工具应用的，还没有真正成为教学要素之间的桥梁。这也正是需要我们今后研究的内容之一。

在信息技术与体育教育专业课程整合的教学模式中，信息技术作为学习的认知工具，更应发挥信息技术那些一般认知手段所不具备的功能，而不仅仅是作为教师的辅助教学手段。

信息技术作为学习动机的激发工具，主要是帮助大学生形成正确的学习目标，明确学习需要。信息技术作为学习情境的创设工具，重点是创设以往由于条件限制而只能够用语言文字描述的各种现实情境。

体育教育专业课程中的理论课内容具有较强的实践性，学习的目标直指体育教学实践。对于这类课程，情境的创设应主要围绕模拟现实而进行。对于体育人文社会学类课程，重点是用于社会情境、文化情境、自然情境、问题情境的创设和模拟。例如，在教学中，运用超文本技术将网上大量的相关资料(包括文本和声像资料)与课程内容链接起来，应用导航技术将这些资源按照教学目标的需求合理地结构化；对于运动人体科学类课程，则主要应用于虚拟实验环境的创设，例如用动画模拟肌肉收缩过程、运用远程视频技术演示肌肉刺激收缩实验的操作过程等；对于术科理论课，模拟运动实践的各种场景，例如最常用的技术动作视频播放、三维动画模拟战术形式等。

在体育教育专业的教学中，大学生的个体差异表现得更为突出，自主学习和协作学习更为需要。教学媒体的信息化，使得自主学习和协作学习完全可以实现。大学生可以用智能代理技术为自己设计发展方向，通过网络课程实现自主学习和协作学习。

网络学习系统为学习者开辟了新的学习途径，学习者可以在任何时候、任何地点，只要有计算机且能够连接上网就可以进行有关专业知识和技能的学习。网上学习首先是自主学习，依靠自己教自己，即通过对网上课程的学习达到特定的教学目标。许多学校的体育教育专业都有适合学习者网上学习的课程。

3.适合体育教育专业课程教学的模式之一:个别化教学模式

无论是理论课还是实践课,个别化教学模式都是值得重视的教学模式。个别化教学模式是具有个别化教学特征的一类教学模式的总称。从理论上看,“自主学习”“自适应学习”“智能导师学习系统”等个别化教学模式的形式,都是适合体育教育专业课程教学的。但是,在实际应用中,可能会受到目前信息技术发展水平的制约,这主要表现在术科实践课的教学应用上。

这个系统的工作原理,就是老师和大学生两者之间都可以运用浏览器来对相应的学习站点进行快捷的访问。其中,大学生在学习过程中,在机房中就可以通过浏览器与服务器进行相连,然后会进一步通过该服务器进行教学内容的全面学习与提问等内容;而教师就可以足不出户地在教研室通过终端的电脑对服务器另一端的内容进行全面而详细的更新与维护,在对内容维护的同时,还可以把自己的教案上传,检查大学生的学习进度,进一步掌握大学生的学习进度与考试成绩等。

第八章　大学体育教育教师专业化培养路径分析

第一节　体育教师的职业特征与专业素养

从体育课的教学到各类运动队的训练，从每天的早操、课间操的组织到全校课外体育活动的辅导，都离不开体育教师的辛勤劳动，无不凝聚着体育教师的心血和汗水，他们是学校一切体育活动的组织者和指挥者；从振兴我国体育事业来看，体育教师不仅在竞技体育方面能为国家早期发现和培养、输送大批体育苗子和优秀竞技人才发挥重要作用，而且在群众体育方面也通过直接抓好学校体育和广泛参与各项社会体育活动，辅导和带动各方面群众体育的发展，影响着全民健身体育的深入开展。

一、体育教师的职业特征分析

（一）教师是知识和技能的设计者和传播者

体育教师首先应该成为知识技能的设计者和创造者。在传统的体育教学中，体育教师带领大学生在运动场上以身教重于言教和标准化示范去教育、影响着大学生；以组织大学生锻炼的周密、科学而具备强有力的组织能力，这些素质与基本功在相当一段时间内仍然适用。其次，体育教师通过指导大学生学习来传播体育知识。体育教学中，体育教师要改变在体育课堂上总是教师说什么大学生就练什么、做什么的传统的领头羊方式。教师要真正发挥导师的作用，不能成为大学生的完全依靠。而这种导师作用的程度应是随大学生年龄的增长而增大。体育教师的指导教学，依赖于不断创造教学所需知识的各种信息，以指导、督促大学生有效地锻炼和学习。

（二）体育教师是行为榜样

体育教师对大学生的行为影响有着十分重要的作用。因为体育教师不仅授课班级多，而且教学对象来自不同年级、不同学科的大学生，尤为突出的是每一所学校的早锻炼、课间操、课余体育活动以及全校的大型活动的策划、组织和具体实施都是由体育教师承担。所以体育教师的行为模式对大学生的影响面广，体育教师的形象、精神面貌、言谈举止、治学态度等往往成为大学生的榜样。

（三）体育教师是教与育的参与者

体育教师是大学生学习体育知识、掌握运动技术和技能，从小形成健康体育生活方式的领路人，他们应该成为大学生所敬慕的体育专家，并具备多学科的知识修养。体育学科的性质要求体育教师不仅仅会做示范动作，还会运用多学科的知识阐明技术动作的科学原理、健身价值及其在人类文化发展中的作用。

二、体育教师的专业素养培养

(一)体育教师的思想道德素养培养

1. 树立正确的人生观和世界观

体育教师作为人类灵魂的工程师,应有正确的人生观和世界观。正确的人生观和世界观正如大海上的航标,使体育教师具有优秀的品质,具体体现在师德、教态、教风、学识与能力诸方面,而教师的敬业精神、责任感无不对大学生人格形成和发展产生潜移默化的感染熏陶作用。

2. 培养良好的个人修养

一个具有良好品德修养的教师,他的精神境界和严于律己的人格风范将会被大学生视为楷模。体育教学是与大学生零距离接触的教学实践活动,体育教师的一举一动不仅会表现出对工作的热情,而且直接影响着大学生的行为和品格。其表现为,教师不仅要将体育知识、技术、技能传授给大学生,而且还要教会大学生做人的道理、为人处世的准则和学习方法,这就要求教师既要有过硬的品德素养,又要有优良的工作作风,用"身教"来感染大学生,增强非权力性影响力在教学中的作用。

3. 教书育人思想培养

关心大学生,坚持教书育人是体育教育的重要责任。体育教师在体育教学和课外体育活动中,不仅要组织、指导大学生锻炼身体,增强体质,增进健康,而且还要培养大学生具有良好的思想品德,关心大学生成长,促进大学生身心全面发展。体育教师要充分利用和发展接触大学生多的特点,以本身的模范行为和高尚的品德修养来影响大学生、教育大学生。另外,体育教师还应与大学生建立良好的师生关系,在学习上帮助他们,在生活上要关心他们,在他们碰到困难和挫折时要鼓励他们,使自己成为大学生的良师益友。

4. 体育观和教育观有机结合

树立健康第一的指导思想,使大学生具有健康的体魄,掌握基本的运动技能,养成锻炼身体的良好习惯,培养大学生的竞争意识、合作精神和坚强毅力。"健康第一"的教育指导思想,促使人们更全面、更深刻地认识体育教育工作的本质,它有利于全面贯彻党的教育方针,提高中华民族的整体素质。因此,新时期体育教育必须树立"健康第一"的体育观,并围绕教学观开展工作。同时,近年来,我国在体育教育目标的大讨论中,逐步确立了终身体育教育观,这一教育观的确立,迫使我们重新审视大学体育教学的得失。学校因此有了一份责任,就是传授大学生从事体育活动,提高健康水平的技能,培养终身体育意识、习惯和能力。在体育教育当中,体育教师应注重职业实用性体育教育,使大学生在学校期间所获得的体育运动知识、技能及从事体育锻炼活动能适应将来的职业和生活环境的特点,使其在人生的各个阶段,各种不同情况下都能采用正确的方法、手段保证自身的健康。

5. 注重创新意识与发展意识的培养

随着科学技术的突飞猛进,人类知识量的增长已无法用知识爆炸来形容,计算机网络连接到每家每户，大量信息的传递，令人目不暇接。未来的教育与课堂将发生变化，不学习就落后已成为普遍认识。面对新时代，体育教师没有满足的理由，要勤于钻研本学科的前沿知识，才能在教学中从容不迫地解决实际问题。只有不断地学习与接受再教育来提高自身素质，这样才能更好地对大学生实施素质教育，所以，教师必须要有创新意识和发展意识。

（二）体育教师在知识素养上的培养

1.增强专业知识积累

体育教师专业知识应该包含体育科学基础理论，如人体生物学科：解剖学、生理学、生物化学等；学科发展史：体育史、有关运动项目发展史；体育专业技术与理论：各体育专项动作技术及其原理；体育专业教育技术与理论：体育保健知识、运动技术教学与训练方法学、体育竞赛方法、体育健身方法学等以及体育课程与教学知识。

体育专业曾一直被认为属理科范畴，体育教师也就往往偏重于理科方面的学习。其实体育作为一门综合性的学科早就被人们认识。因此，体育教师既要掌握理科的知识，又要重视人文素质的培养。加强人文素质的目的，本质在于“教人做人”。体育教师只有提高人文素质，才会思考人类社会、自然、他人和自身的问题，才可能理解什么是真善美、假恶丑，才能融洽地与他人相处，才可能以一种社会可以接受的方式实现自己的目标。人文科学知识教育，尤其是文史知识，对一个人的人文素质的培养具有潜移默化的作用。不理解中国体育传统文化，不清楚其发展的时代背景与特征，就无法正确理解今天的体育。

随着科学的不断发展和认识的不断深化，人们对体育的研究已从开始的教育和生理角度扩大到今天的社会、心理、文化等深层领域，体育人文学科随之产生，这是社会发展的必然结果，也是体育科学的发展所在。这些学科包括体育社会学、体育人类学、体育哲学、体育心理学、体育管理学、体育经济学、体育文化学、体育新闻等。

“学校教育要树立健康第一的指导思想”，增强大学生体质是学校体育的根本任务。然而影响大学生体质的因素有很多的，例如遗传、营养、卫生环境、身心负担、生活习惯、体育锻炼等。因此，学校体育要走锻炼和养护相结合的道路，加强对大学生的健康教育。新世纪的体育教师，应加强健康意识的培养，接受新的体育教学思想，提高健康教育质量的基本素质。这是学校体育发展的必然趋势。因此，未来的体育教师应把健康与体育的本质联系起来，必须掌握有关体质与健康学的基础知识。

2.拓展业务知识

体育教师的教学过程，运用的技巧、方法的基础是教育心理学知识，体育教学效果的好坏，很大程度上反映了他们这方面理论知识掌握的扎实程度。教育学中，教育思想是头等重要的事，具有正确的教育思想，才能达到充实的教育境界。在贯彻“健康第一”的教育思想时，首先，要把“健康第一”搞清楚，明确为什么要讲“健康第一”的问题，使自己真正树立起这种教育思想。教育是有目的的活动，只有明确目标才能成为自觉行动。其次，掌握教育方法、教育技能、教育手段及教育体系等理论问题都有利于开展体育教学工作。

健康美是追求的目标。在通往健康美的道路上，体育教师是通过运用体育运动的手段对大学生的身体产生影响，使人的体形发生变化，强壮美、肤色美、身体线条美等由此逐步形成。在进行动作练习形成正确技术技能过程中，使人充分体验到协调、姿态、节奏等美的感受。体育竞赛使大学生受到道德美、精神美的感染，美的感官在这些过程中不断地形成与发展。作为体育教师，在体育教学中必须了解并掌握创造运动美、身体美、自然美、艺术美、心灵美与行为美等方面的基本方法，掌握体育美学基本知识与技能，以便更好地完成塑造人体美、健康美的重要任务。

（三）培养体育教师综合能力的素养

1.教学能力的培养

教学能力是指体育教师完成教学任务所应具备的各种能力，也是体育教师综合能力的一个主要方面，它主要表现在对教学大纲、学校体育工作条例等条文、法规的理解和贯彻能力；制定教学管理教学改革措施和办法的能力；掌握和运用教材教法的能力；准确示范和生动精练的语言表达能力，严密的教学组织能力；教学检查和评估能力；及时反馈教学信息及采取针对性对策的能力等。

2.教育能力的培养

教育能力是体育教师育人职责的需要。它包括对大学生行为、思想情况的深入了解、分析和判断的能力；灵活运用各种教育方法，抓住教育时机，有的放矢地向大学生进行教育的能力。丰富多彩的学校体育活动为教育提供了许许多多的良好机会。体育教师要善于对大学生的思想情况、纪律兴趣、动机等及时进行了解、分析，既要会做个体的分析，又要会做群体的分析。在分析的基础上，确定进行思想教育的任务和措施，最大限度地调动大学生的积极性和主动性，保证预期任务的完成。

3.运动能力的培养

体育教师的运动能力是从事本职工作的最基本能力。它既不同于一般人自我从事身体练习的普通运动能力，又不同于专业运动员参加比赛和训练时的特殊运动能力，而是一种面向大学生群体进行专业教学，规范化与普通化相结合，能够与教学、训练手段有机结合的能力，具体表现为规范熟练的动作示范，把握动作技术环节，及时发现与合理纠错等。这种能力的培养与提高，除需不断地钻研运动技术理论，学习新技术新动作外，还要注意根据不同的教学、训练对象在实践中积累。

（四）体育教师的身心素质的培养

健康的体魄、健全的人格是构成体育教师职业素养的基础，也是他们顺利进行职业活动的重要条件。体育教育的一个重要目的是提高大学生的身心健康水平。要让大学生信服，要求体育教师以健康的体格和优美的姿态这一"无声的语言"感染大学生。由于有的个别领导对体育认识不足，学校体育得不到重视，教学设施和经费缺乏，教师地位低微，所做的努力常常得不到肯定。因此体育教师必须有强烈的事业心，坚强的意志和健全的心理品质，才能胜任体育工作，才能在不同的条件下开创体育教育的新局面。

第二节　体育教师的教育专业化培训

一、体育教师岗前培养

(一)体育教师岗前培养的目标

培养目标问题是高等教育教学改革的一个实质性问题。关于21世纪体育教育专业培养目标的定位问题,大学的体育教师,他们的态度都比较明确,认为培养目标应该定位于体育教育复合型人才,以便增强毕业生在社会生存的竞争力。在此基础上,新方案将本科体育教育专业的培养目标确定为:“培养适应我国社会主义现代化建设和基础教育改革与发展的实际需要,德、智、体、美、劳全面发展,专业基础宽厚,具有现代教育观念、良好的科学素养和职业道德以及具有创新精神和实践能力,能从事学校体育与健康的教学、训练和竞赛工作,并能从事学校体育科学研究、学校体育管理、社会体育指导等工作的一专多能的体育教育专业复合型人才”。

(二)体育教师岗前培养的模式

在不同的社会背景下,人才的培养模式也会有所不同。体育教育专业新的人才培养模式必须根据新时期社会发展的方向,以及基础教育对体育教师的需求来进行设计,使所培养的体育教师人才符合社会及教育发展的需要。

从体育师资整体智能结构的角度出发,培养“专才”模式转向培养“通才”与“专才”有机结合的“复合型人才”模式。纵观改革开放以来我国体育教育专业培养目标以及为实现这一目标所采用的人才培养模式,突出表现为“专才培养模式”,其特征是以专业需要为核心来设计课程和教学环节,一切围绕狭窄的专业运行,大学生过早地进入专业学习,进而导致在体育教学内容上出现了忽视基础、忽视交叉、忽视人文知识的价值取向。这种模式在我国计划经济体制下有较强的可操作性,同时也适合当时社会发展的要求。但在“知识爆炸”的21世纪,随着体育教育专业培养目标的改变,过去那种以培养体育师资为唯一目的的“专才”教育已不能适应新形势发展的需求。

因此,当前我国普通大学体育教育各方面改革的一项紧迫任务,就是按照培养基础扎实、知识面宽、能力强、素质高、适应广的人才培养模式的总体要求,尽快实现培养模式的转变,即从计划经济体制下的“对口式”体育教育专门人才的培养模式,向市场经济条件下的“适应型”复合型体育教育人才的培养模式转变;从过窄的“专才”教育模式向素质教育模式转变,逐步构建起注重素质教育、融传授知识、培养能力与提高素质为一体的富有时代特征的“通才”与“专才”相统一的体育教育复合型人才的新模式。

(三)体育教师岗前培养的发展趋势

1.培养渠道的多元化培训

所谓培养渠道多元化是指除师范院校之外,非师范院校也参与师资的职前培养。综合性大学培养师资的现象在国外师资培养中普遍存在，如德国培养教师的高等学校主要是综合性大学和专科大学；美国培养教师绝大多数是综合大学的教育学院或教师学院和文理学院的教育系或教育专业。

2.培养模式的多样性培训

大部分国家高等体育院校人才培养模式是以“开放型”或“非定向型”培养模式为主。培养学制安排上的因地制宜导致了培养模式的灵活多样，多数国家体育师资的培养以 4 年制(如“4＋0”“2＋2”“3＋1”模式)为主。

3.课程领域的综合性培训

大多数国家体育教师教育的培养课程主要由 3 大部分组成，即基础教育课程(或称普通教育课程)、专业课程(包括学科课程和术科课程)和教育学科课程。发达国家高等体育院校课程设置的自主性较大，可根据自身的优势和特点及所在地区的实际情况，培养人才市场需要的各种体育人才。在课程设置方面比较强调文、理、工科课程间的相互渗透和融合，内容上涵盖自然科学、社会科学、技术科学等知识领域，并注意优化组合，发展新学科课程和综合性课程，以求让大学生形成合理的、广博的知识结构，为培养全面发展的人才奠定基础。

二、体育教师的入职教育

(一)教师入职教育的意义

入职教育原本是指个体在进入职业之前所接受的职业培养和培训。它被认为是一个始于招募，继之以大学中的专业教育和毕业后的工作的阶段性过程。但从 20 世纪的六七十年代起，专门为新教师提供的为期至少一年的有计划的、系统的、持续的帮助，对新教师进行入职教育具有重要意义。新教师入职教育是终身教育、终身学习的要求；是沟通教师职前教育与在职教育的桥梁；是加速新教师成长，促使其专业发展的保证；是完善教师任用制度的有力手段。因此，建立健全教师入职教育制度，加强新教师的入职教育，是当前教师教育的一项极为紧迫的任务。

(二)体育教师岗前培训的模式

当前，新教师的上岗培训已受到了必要关注。各地的教师教育机构都在积极地探究教师上岗培训的模式，广泛地开展了新教师的上岗培训工作。我国现有的新教师上岗培训大致有以下几种模式：一为带教模式，即新教师在实地工作中以有经验的教师为师傅，学习课堂教学的规范和技能；二为集中培训，这种模式有两种做法，或第一年集中在教师培训机构中，由教师培训机构的教学人员传授教学常规和教育教学理论方面的知识，或在这一年中花大部分时间在学校，用一部分时间在教师教育机构接受理论培训；三是理论实践研究模式，即在实践中探究所遇到的问题；四是合作模式，即由教师培训机构、大学和中小学合作，进行新教师的上岗培训。上述四种模式中，第一种最为普遍，而其他三种目前在体育学科中还不多见。应当说，上述新教师上岗培训模式都有其存在的合理性，都能对新教师的专业和生涯发展起到一定的积极作用。但严格地说，上述模式还处于一种“自在自为”的状态，与作为一种制度的新教师入职教育之间还存在着一定的差距，也不能完全适合新教师的需求和特点。模式的创新及制度化是我国体育教师、入职教师走向成熟所必需亟待解决的问题。

三、体育教师的在职教育状况

（一）体育教师在职教育的必要性分析

1. 体育教师推动学校体育工作的需要

学校体育的改革正在如火如荼地进行，而体育教师正是学校体育改革的具体实践者。改革要求广大体育教师转变观念、更新知识、强化能力。因此，有必要通过在职培训，培养教师深化改革的能力。

2. 体育教师体育知识日益更新的必然要求

由于许多新知识、新理论不断渗透到体育科学中来，出现了许多以现代科学为依据的新概念、新观点、新理论、新技术以及新的教学形式、教学方法，新的检查评价方式等。从而对体育教师的工作提出了全新的、更高的要求。因此，体育教师必须接受新知识的洗礼，通过在职培训的不断提高，这样才能适应时代发展的需要。

3. 体育教师提高自身素质的客观要求

体育教师的政治思想水平、业务能力和文化修养，直接影响着教育的质量和大学生的发展。为适应时代发展的要求，体育教师必须不断地完善自我，通过在职培训提高自身的素质。

（二）体育教师在职教育的发展趋势分析

1. 在职教育以人为本

社会的知识化要求教育贯穿于人的一生，继续教育必须以人为本，而不能以教材为本。要避免“学院式”教学，要把统一的、规范的学历教育的模式改为按需施教，按需设课，按需选学的模式，亦符合继续教育规律的模式。

知识是教师整体素质的基础，针对体育教师职业的特点，体育教师不但要有理论知识还更要具备更多的实践知识，这也是提高教师自我完善能力、竞争能力、生存能力的基础。在继续教育过程中，不但要注意学科专业知识的更新，同时要注意多元化文化知识的扩展，打破学科界限，相互渗透，融会贯通。

2. 教学模式多元化

不同的生产力发展水平要求教育不同水平的人，随着生产力水平的提高，相对封闭的成人教育办学模式必须改变，体育教师的继续教育也将进一步从封闭走向开放，构建多样化、开放式新型继续教育模式。

在学习形式上开放办学，把以课堂面授为主改为课堂面授、开办讲座、自学、研修、教学研讨、教学实践、课题研究、社会调查、导师带教等多种形式；在师资队伍上体现开放办学，把以进修院校专职教师为主改为建立大教育的师资队伍。在培训基地建设上体现开放办学，把单一的教师进修院校办学改为教师进修院校、教研部门和各院校分工合作；在学习时间上体现开放办学，把教师在上班时间接受在职教育改为以业余学习提高为主；在教学手段上体现开放办学，把单一的课程面授改为利用现代教育手段，包括录音、录像、广播、电视、计算机远程教学网络等。

3.学习与科研有机结合

在职教育与学历教育在对象上有所不同，不少教师具备中、高等教育，又具有丰富教学经验，有的要将教育科研引入继续教育的全过程，促使他们在教育教学和教育科研能力方面有更大的提高。抓好在职教育过程中的教育科研，关键是选准理论与实践的“结合点”，边研究，边实践，使教师由经验型提高到科研型。

4.持续学习加强实践

随着时代的发展，社会对教师的素质提出了新的要求和期望，以此促进教师上岗前、在职教育一体化成为必然。体育教师职业的发展过程是一个持续学习，实践教学理论，探索教学方法、途径，积累整理教学经验，调整教学行为，更新教学观念和提高教学技能的发展过程。这对体育教师的专业化知识提出了更高的要求，教师在教学的过程中发现自身专业知识的不足，然后通过在职教育的学习去弥补相关的专业知识。教师只有通过不断的学习，才能不断地提高自身的专业素质。

第三节　我国特殊体育教师专业化培养路径分析

一、特殊教育体育教师专业化发展途径

与其他专业教师培养相比，特殊教育体育教师的培养历史较短。很长一段时期内都是以普通体育师资充实特殊教育体育教师队伍，从理论到实践都没有严格区分普通体育教师和特殊教育体育教师的差别。直至进入 21 世纪，天津体育学院开始招收特殊教育专业本科生，我国才拥有了真正意义上的特殊教育体育教师培养机构。为了满足现代特殊教育发展对高水平特殊教育体育教师的需要，先后有多所体育院系加入特殊教育人才培养单位的序列中。

(一)特殊教育专业培养目标

我国体育类特殊教育人才培养机构根据本单位的资源设置和本地区的特殊体育教育人才需求情况制定了相应的专业培养目标。职前培养阶段是为特殊教育专业大学生毕业后的职业生涯灌输专业思想并打下必要的业务能力基础。在职前培养阶段的主要活动是进行专业学习，提升综合素质。综合分析各体育学院的培养目标，每个学校基本包涵了对专业人才特殊教育能力的具体要求。相对而言，西安体育学院更明确地指向了教师人才培养，天津体育学院等其他体育院校的专业培养目标大多指向综合型特殊体育或特殊教育相关工作的专业人才培养。当前我国体育类院校中的特殊教育专业培养目标更倾向于综合型特殊教育人才培养，这也符合现代高等教育的总体人才培养方向。同时，对于将来拟从事特殊教育体育

教师工作的毕业生来说，具备综合性特殊教育知识技能有助于加强与特殊教育和特殊体育管理部门的沟通和联系。

（二）特殊教育专业课程设置分析

在人才培养机构的培养规划中，最重要的一项是专业课程设置。人才培养目标首先要在专业课程实践教学过程中逐步完成。同时，特殊教育专业课程设置一定程度上也能够反映体育类特殊教育专业人才培养机构的师资力量强弱，特别是特殊教育体育属于交叉学科专业，相关课程的开设情况能够从侧面反映出不同学校专业师资配备情况。

（三）特殊教育专业招生情况分析

特殊教育体育教师在我国的人才培养历史虽然很短，但是起点较高。目前国内培养机构都是以本科生培养为起点，但在招收生源类型上各学校存在一定差别。

招收高考文化课考生更看重的是考生的综合文化素质较高，外语能力较强，可以充实到特殊体育事业规划、管理等部门。所有学校都招收体育类考生，显然体育类考生将成为我国特殊体育事业发展的主力军，具有体育特长的体育类考生比例较大，有效增加了特殊教育体育教师人才储备。

在多年培养体育类特殊教育专业本科人才的基础上，国内部分高校近年已经开始招收体育类特殊教育专业研究生，如北京体育大学招收特殊体育研究方向的硕士和博士。

辽宁师范大学体育学院是国内最早招收特殊教育方向的体育院系，是充分利用师范大学既有特殊教育专业又有体育教育专业的综合优势培养特殊教育体育教师的有益尝试。

（四）完善特殊教育体育教师岗前培养体系的建议

1.明确培养目标，增设专业方向

我国特殊教育体育教师专业人才培养尚处于初级阶段。教育现代化和教师专业化是我国教育重要发展目标，为了满足特殊教育体育教师的专业化培养需要，培养机构应从增设专业方向，明确培养目标着手，积极开展教学改革，努力提升特殊教育体育教师职前培养阶段的专业化水平。

现有体育院校特殊教育专业设置体系中，制定培养目标更倾向于培养综合型应用人才。从实际培养状况分析，这种综合型的人才培养的产出效果并没有达成预期。面对体育师资整体专业化水平不高的现状，体育院校辛苦培养出的特殊教育人才并没有得到社会的广泛认可，至少在特殊教育学校招聘过程中没有体现出专业优势。

在课程设置上可以考虑对体育院校特殊教育专业大学生开设通识型理论课程和技能课程的基础上，针对不同专业方向开设针对性和实用性更强的选修课程。受多种因素的影响，报考特殊教育专业的大学生并非全部怀揣投身特殊教育事业的理想迈入高校大门。如果不能明确对、特殊教育专业的培养目标，就会造成相当一部分特殊教育专业毕业生在自身专业精神准备严重不足的情况下走上特殊教育工作岗位。因此，对选择特殊教育方向的大学生，从入学起就应明确其未来的发展方向和目标，学校再辅以科学合理的培养方案，有效提升其专业素质，培养大学生积极的专业态度，为今后走上特殊教育体育教师工作岗位建立一定的

心理预期。

2.注重实践教育,优化专业技能

对体育院校特殊教育专业大学生进行特殊教育理论培养的过程中必须注重与特殊教育实践内容相结合。特殊教育专业的生存与发展必须改变侧重于专业理论的传统教学模式,应加大对特殊教育专业大学生特殊教育体育教学综合实践能力的培养力度。针对特殊教育体育教师专业技能的特殊性,培养机构有必要从新生入学后的第一学期就安排针对性较强的特殊教育学校实地参观考察,使大学生建立起初步的感性认识。

从我国特殊教育发展趋势判断,仅目前的几所体育院校招收培养特殊教育专业人才显然不足以满足未来我国特殊教育学校对特殊教育体育师资的需求。教育主管部门应采取有效措施鼓励国内有条件的体育院校积极申报特殊教育专业,增加特殊教育体育教师专业人才培养单位的数量,扩大专业招生人数,做好人才储备工作,科学合理配备特殊教育体育教师。

二、建立特殊教育体育教师资质制度

教师资质制度与教师证书制度基本同义,是对新进教师的基本要求,也是控制新进教师质量的重要手段。当前,建立教师资质标准、实施教师资质准入已成为世界范围内教师专业发展的基本格局。教师资质制度建设一般要经历多个历程,首先由注重教师学历资质的初级发展阶段,逐步过渡到规范教师资格考试、倾向于开放教师培养模式和知识本位的中级发展阶段,最后发展到注重教师实践教育教学能力、倾向于教师专业化发展和能力本位的高级发展阶段。目前,世界上特殊教育整体发展先进国家大多实施"教师资质和特殊教育资质"的双证书资格制度。

我国在教师队伍建设方面推行的是逐渐以教师教育替代传统的师范教育,在这一过程中表现出一些新的制度性特征,最为重要的制度性特征就是全面推进教师资质制度。教师资质认证真正实施的历史更短。目前在教师资质建设方面还存在着资质标准宽泛、资质类型单一等问题。

严格教师资质是当前各类教师队伍建设的总体要求。迄今为止我国尚未出台有关特殊教育体育教师资质的文件,这显然有悖于国家教师队伍建设基本策略和国家教育发展规划纲要文件精神。目前亟待解决的问题就是研究并制定特殊教育体育教师资质标准,实施特殊教育体育教师资质准入。

(一)建立特殊教育体育教师资质准入的必要性分析

我国教师整体专业水平不高,严重制约了体育教学的质量。建立并实施资质准入制度的最重要目标就是通过资质准入逐步提升教师的整体专业化水平,保障新进教师的质量、优化教师的公共形象、逐步提高教师的声誉和福利待遇,以此吸引更多优秀的体育人才申请特殊教师资格。

1.特殊教育体育教师的实行资质准入

建立特殊教育体育教师资质标准,实施特殊教育体育教师资质准入是推进特殊教育体育教师专业化进程的有效措施，是特殊教育体育教师专业化水平的重要标志。与普通教师相比，对特殊教育体育教师的专业要求更高。特殊教育体育教师既要掌握基本的体育专项素质，还要掌握特殊教育专项技能。由于教育对象的特殊性，特殊教育体育教师往往需要更坚定的敬业精神和职业道德，教学过程中肩负的岗位职责也有别于普通体育教师。教师资质标准能够明确对特殊教育体育教师的专业性要求，引导特殊教育体育教师的专业化发展。

国家对各类普通体育教师均已出台相应的教师资质。对于特殊教育体育教师而言，目前特殊教育体育教师只能考取对应级别的普通体育教师资质证书。这种现状弱化了特殊教育体育教师对提升自身专业知识技能的意识。制定特殊教育体育教师资质标准可以有效区分特殊教育教师与普通教师的专业化差异，并为特殊教育体育教师的专业化发展提供制度保障。

2. 有效改善特殊教育体育教师队伍专业结构

国内对特殊教育学校体育教师现状的调研结果表明，当前我国特殊教育体育教师队伍存在的主要问题是专业化程度不高、在职培训机制不健全。特殊教育体育教师专业化程度不高主要体现在两点，一是特殊教育体育教师中非体育专业的教师人数比例相对较高，且大多数特殊教育体育教师未经历特殊教育专业系统培训；二是兼职的特殊教育体育教师占比例相对较大。

与同属基础教育领域的普通学校体育教师相比，特殊教育学校体育教师整体专业水平不高的问题尤显突出，亟待改善。实施特殊教育体育教师资质准入是建设特殊教育体育教师队伍的基本制度保障，有利于使特殊教育体育师资队伍管理迈入制度化、系统化和专业化的发展轨道。

3. 有力推动在职培训

特殊教育学校体育工作的特殊性要求任职特殊教育体育的教师应同时兼备体育专项技能和特殊教育综合能力。当前绝大部分在职特殊教育体育教师要么是普通大学体育相关专业毕业，没有接受过特殊教育的系统培养；要么是特殊教育相关专业毕业，没有接受系统的体育专业培训。

由于特殊教育体育教师整体专业程度不高，已经影响到我国特殊教育事业的全面发展。在职特殊教育体育教师的专项培训要比其他专业的教师更加有必要，也更要有针对性。尽早确立特殊教育体育教师的资质标准是建立合理有效的特殊教育体育教师在职培训机制的前提和保障。实行特殊教育体育教师资质准入可以使特殊教育体育教师的在职培训具有更加明确的指向性，这种指向性目前看来具有十分重要的意义。建立特殊教育体育教师资质准入制度，明确特殊教育体育教师的任职资质，才能有的放矢地进行在职特殊教育体育教师的专项培训，进而逐步提高特殊教育体育教师队伍整体的教育素养和综合教学能力。

此外，对于常年工作在特殊教育学校体育教学一线的特殊教育体育教师，往往缺少可持续专业提升的主观意愿。实行特殊教育体育教师资质准入将为在职特殊教育体育教师提供职业发展的新目标，有助于强化和提升我国特殊教育学校在职特殊教育体育教师的专业发展意识，进而推动在职特殊教育体育教师自觉提高和扩展自身的专业知识与专业技能。

(二)建立特殊教育体育教师资质准入的可行性分析

1. 国家相关政策支持及保障的落实

国家早就以文件形式指出要“实施特殊教育资质”和“规范特殊教育资质条件”，研究制定特殊教育体育教师资质标准，并进一步推行特殊教育体育教师资质准入符合我国教育政策及中长期发展规划要求。我国一直未出台国家层面上的特殊教师资质标准相关文件，但有地方政府进行了有益的尝试。如上海市最先研制了特殊教育资质。上海市试行的是资质准入式的资质证书制度，其制定和实施过程的经验对研究我国特殊教育体育教师资质准入制度有积极的借鉴意义。

2. 专业研究平台及智力支持的机遇

特殊教育体育教师培养单位不仅为国家培养了人才，同时也带动了相关研究，增强了相关研究领域的人才储备。特殊教育体育教师资质准入制度研究属于应用性研究，我国现有的特殊教育体育教师培养单位为其提供了实践研究的平台，同时又提供了智力支持。目前我国有多所体育类院校设立了特殊教育专业，且大多已培养了一届以上的毕业生，积累了一定的特殊教育专业教学和科研经验，将为特殊教育体育教师资质准入制度的研究提供强有力支持。

三、特殊教育体育教师培养和培训发展分析

现代教育发展要求教师教育在终身教育理念指导下的可持续发展，特殊教育体育教师培养和培训一体化是实现特殊教育体育教师可持续发展的有效手段。目前我国特殊教育体育教师专业培养的历史较短，培训体系也不健全。但我国教育改革和特殊教育事业发展的脚步不断加快，这就要求特殊教育体育师资队伍建设必须向职前培养和职后培训一体化的方向努力，实现跨越式发展。

(一)建立培训一体化的作用和意义

首先，特殊教育培训一体化有助于整合特殊教育体育教师培养培训资源。特殊教育体育教师培养培训一体化的发展目标是将特殊教育体育教师职前培养、入职培训和职后培训三个阶段整合成为联系紧密、优势互补的特殊教育体育教师综合发展平台。特殊教育体育教师培养机构应充分认识到特殊教育体育教师专业发展的连续性与长期性，要充分考虑到特殊教育体育教师职前培养和职后培训的衔接问题，关注并积极参与到在职特殊教育体育教师的培训工作，努力实现特殊教育体育教师教育一体化，为特殊教育体育教师专业化发展提供多元化服务。

由于特殊教育体育教师工作的特殊性，单纯对在职特殊教育体育教师进行特殊教育理论培训或者体育实践技能培训并不能有效保证培训效果。特殊教育体育教师专业培养的教师资源、课程资源、扶持政策等人力和物力资源相对集中。因此，根据不同类型培训的需要，教师培养机构可以针对性开展短期分散、短期集中、网络远程、脱产驻校等多种培训形式。

其次，特殊教育体育教师培养培训一体化有助于明确特殊教育体育教师职业定位。特殊教育体育教师专业化发展的重要问题是要明确特殊教育体育教师的职业定位。长期以来我国一直以普通教师替代特殊体育教师的根源就是混淆了特殊教育体育教师的职业定位。特殊教育体育教师与其他学科特殊教育教师一样要掌握基本的特殊教育理论，具备综合的特殊教育教育教学能力，同时要掌握体育专业知识与专业技能。

特殊教育体育教师培养培训一体化发展在实现特殊教育体育教师职前培养和职后培训可持续发展的基础上，通过课程设置、理论培训和实践交流等培养体育院校特殊教育专业在校生的综合特殊教育教学能力，要在特殊教育体育教师的培养阶段就强化特殊教育专业思想。同时，在职特殊教育体育教师的各级各类培训过程中也要加大特殊教育理论的培训比例并增加特殊教育专业思想教育内容。在提升特殊教育体育教师群体专业素养的过程中特殊教育体育教师的职业定位也会越来越清晰。

再次，特殊教育体育教师培养培训一体化有利于建立特殊教育体育教师培养单位和用人单位的有效对接机制。我国特殊教育体育教师人才培养有两个核心问题，一是人才培养质量，特殊教育体育教师培养单位的基本任务是要培养合格的特殊教育体育教师人才；二是专业就业率，特殊教育体育教师培养单位培养出的合格人才还要能够顺利走上特殊教育体育教师工作岗位。

特殊教育体育教师培养和培训一体化发展的目的和作用是整合培养培训资源，搭建交流学习平台，能够促进培养单位和用人单位的有效对接。第一，在职特殊教育体育教师进行各类的培训过程中能够得到一线特殊教育体育教师的各种信息反馈，培养单位可以根据反馈信息及时调整特殊教育体育教师职前培养的课程设置，优化培养方案，培养符合用人单位实际需要的合格特殊教育体育教师人才。第二，在开展特殊教育体育教师职后培训的过程中不断建立并积累与特殊教育学校、地方教育行政主管部门、地方教师培训机构的联系与合作。通过建立特殊教育体育教师人才信息库和就业信息发布平台等方式建立培养单位和用人单位的对接机制，为特殊教育体育专业人才和用人单位搭建双向选择的平台。

最后，特殊教育体育教师培养培训一体化模式迎合了全纳教育理念。全纳教育的核心理念是要提升面向全体大学生的教育质量，保障每个大学生享有平等教育的公民权利。

（二）建立培训一体化的推进策略

1.建立培训一体化的制度保障机制

我国特殊教育体育教师专业培养的历史相对较短，培养机构也仅限于几所高等体育院校，特殊教育体育教师专业培养存在明显的不足。而特殊教育体育教师培训机制也尚未建立。要实现特殊教育体育教师培养培训一体化的发展目标需要国家在政策上给予一定的支持并提供必要的制度保障。

首先，职前培养阶段是大学生的专业准备阶段，侧重于教师专业知识和专业技能的系统学习，是教师职业意识的初步形成阶段。在特殊教育体育教师职前培养阶段，应在体育院校中加大对特殊教育专业建设的投入力度，建立相应的专业培养激励制度。如为特殊教育体育教师方向发展的在校生提供学费减免等激励措施，努力为特殊教育体育教师职前培养提供更高起点、更高标准的专业发展平台和更好的发展契机。

其次，入职培训阶段是新入职特殊教育体育教师正式从事特殊教育体育教学工作前的岗前进修和实习导入活动。对于新任特殊教育体育教师，要采取必要措施做好基本物质保障，使新任特殊教育体育教师能把精力投入学校教学工作中。在此基础上要积极制定专业发展激励政策并形成长效机制。在特殊教育体育教师入职培训阶段，应制定特殊体育教师入职培训标准，并根据各地区具体情况和新入职特殊教育体育教师的专业知识技能结构，采取校本培训、分散培训、集中培训和网络远程培训等形式，切实提高新入职特殊教育体育教师的专业综合理论与实践技能。此外，特殊教育体育教师培养机构也应在大学生修完所有学分后进行针对性的就业指导工作，协助体育院校特殊教育专业大学生做好进入特殊教育体育教师职业角色的各方面准备。

最后，在职培训阶段是特殊教育学校在职体育教师在从事特殊教育体育教学工作过程中提升专业水平的各类进修培训活动。在特殊教育体育教师职后培训阶段应侧重于对特殊教育体育教师的专业结构进行及时完善与更新，同时也注重激励特殊教育体育教师保持并发挥专业热忱，鼓励现任特殊教育学校体育教师群体通过在职培训、学习交流等多种形式提升专业素质和从业技能。

教师的培养阶段更注重全面性，而培训阶段更注重专业性。特殊教育体育教师职后培训阶段，在国家大力发展特殊教育师资培训的基础上应全面考虑教师的专业特殊性。鉴于当前体育教师人员配置存在的特殊教育理论知识培训缺失比较严重的现状，有必要建立具有专业特征的特殊教育体育教师专项培训制度，对在职特殊教育体育教师的培训机构、培训时间、培训内容做出具体规定并责成政府教育督导部门定期监督检查完成情况，充分发挥教育行政力量的推动性。

2.构建培训一体化的教育网络平台

首先，将特殊教育体育教师教育网络平台建成一个理论课程学习平台。在特殊教育体育教师教育网络平台上建成一套科学完备的特殊教育基础理论课程体系，并提供必要的网络学习指导。同时，特殊理论课程学习平台也为处于职前培养阶段的体育院校特殊教育专业在校生提供在课堂学习之余根据自身需要选择性继续学习特殊教育相关理论知识的可能。

其次，将特殊教育体育教师教育网络平台建成一个实践技能交流平台。缺少相互间的学习和交流是特殊教育体育教师专业化发展的不利因素之一。随着近几年国家对特殊教育的政策与资金扶持，部分地区通过资源整合，将本地区多所特殊教育学校合并，成立特殊教育中心，同一地域学校数量有相对减少的趋势。根据多年调研的经验，我国绝大多数省市特殊教育学校设置到区县一级，学校数量不多且学校间距离较远，极大地阻碍了不同学校特殊教育体育教师间的学习、交流与合作。在搭建网络交流平台的过程中，通过积极引导同类特殊教育学校间的互动，加强本地区同类学校特殊教育体育教师之间的横向联系。

最后，将特殊教育体育教师教育网络平台建成一个综合远程培训平台。我国特殊教育学校配置基本是以县区为单位，特殊教育学校分布比较分散，很难组织有效的集中专业培训。以互联网技术为基础的远程培训模式极大降低了特殊教育体育教师教育培训对时间和空间的要求，拓宽了特殊教育体育教师职后培训渠道。在特殊教育体育教师教育网络平台上可逐步推广特殊教育体育教师入职培训、在职特殊教育体育教师专业培训、特殊教育体育教师资质认证培训等各类培训内容，为我国特殊教育体育教师培训体系提供新的培训组织模式。

参考文献

[1]王虹.新时代体育舞蹈创作与研究[M].长春:吉林文史出版社,2019.
[2]张军,王会娟.当代大学体育与健康教育[M].汕头:汕头大学出版社,2020.
[3]郑焕然.大学体育文化与运动教程[M].北京:北京理工大学出版社,2020.
[4]王德平,黄朕.大学体育与健康教程[M].西安:西安电子科学技术大学出版社,2020.
[5]文渭河,杜清锋,杨杰.当代大学体育健康教程[M].长春:吉林人民出版社,2020.
[6]孙丽娜."以人为本"高校体育教育研究[M].天津:天津科学技术出版社,2020.
[7]邱天.高校体育创新思维的教学与实践[M].厦门:厦门大学出版社,2020.
[8]秦光宇.当代艺术高校体育发展研究[M].北京:中国纺织出版社,2020.
[9]刘卫,张成宝.新编大学体育教程[M].北京:高等教育出版社,2020.
[10]李顺求,夏君玫,易国忠.大学体育[M].长沙:中南大学出版社,2020.
[11]谢飞飞,夏春风,刘武军.大学体育与健康教育教程[M].上海:上海交通大学出版社,2019.
[12]蒋琴华.大学体育人文教育理论与实践研究[M].哈尔滨:东北林业大学出版社,2019.
[13]陈欣.大学体育人文教育理论及发展研究[M].长春:吉林人民出版社,2019.
[14]曾强.大学体育与心理健康教育实践与研究[M].太原:山西人民出版社,2019.
[15]李春光.大学体育[M].天津:天津科学技术出版社,2019.
[16]袁远,史兰兰,毛磊.大学生体育与健康教育[M].天津:天津科学技术出版社,2019.
[17]肖春元.大学体育篮球教学改革研究[M].哈尔滨:黑龙江教育出版社,2019.
[18]邱建华,杜国如.体育与健康教学研究[M].南昌:江西科学技术出版社,2019.
[19]李献.现代教育与大学生情商培养[M].长春:吉林人民出版社,2019.
[20]李尚华,孟杰,孟凡钧.大学体育教学与管理实践[M].长春:吉林出版集团股份有限公司,2019.
[21]孙吉旺.大学体育教程[M].呼和浩特:内蒙古大学出版社,2020.
[22]段爱明.大学体育应用教程[M].上海:上海交通大学出版社,2020.
[23]王殿国,李颖建.大学体育与健康[M].北京:化学工业出版社,2020.
[24]刘斌,马鑫.新编大学体育与健康[M].成都:电子科技大学出版社,2020.
[25]刘建华,宫昊.大学体育健康教程[M].北京:科学出版社,2020.
[26]陈欢,吴帆,李磊.大学公共体育与健康[M].苏州:苏州大学出版社,2020.
[27]王笑光,罗茜,杨波.大学体育教学研究[M].哈尔滨:东北林业大学出版社,2020.
[28]李新文,柳川,周川.大学体育与健康[M].成都:电子科技大学出版社,2020.
[29]皮德润,腾翀,黎君.大学体育[M].西安:西安电子科学技术大学出版社,2020.
[30]仵美阳.大学体育与健康[M].武汉:华中科学技术大学出版社,2021.